AF558133

Volker Reinhardt

KLEINE GESCHICHTE DER SCHWEIZ

Volker Reinhardt

KLEINE GESCHICHTE DER SCHWEIZ

Verlag C.H.Beck

Dieses Buch ist eine erweiterte und aktualisierte Fassung
der «Geschichte der Schweiz» von Volker Reinhardt,
die 2006 in der Reihe C.H.Beck Wissen erschien.

Mit 27 Abbildungen und 6 Karten
(Karten gefertigt von Peter Palm, Berlin)

Satz: Fotosatz Amann, Aichstetten
Druck und Bindung: CPI – Ebner & Spiegel, Ulm
Gedruckt auf alterungsbeständigem, säurefreiem Papier
(hergestellt aus chlorfrei gebleichtem Zellstoff)
Printed in Germany
ISBN 978 3 406 60501 7

www.beck.de

Inhalt

1. Apfelschuss und Tyrannenmord – ein produktiver Mythos 7
2. Vom Bundesbrief zur Bundeserweiterung (1291–1370) 13
3. Verdichtungen und Zerreißproben (1370–1450) 29
4. Institutionen und Verfassungen 42
5. Europäische Verwicklungen und Großmachtpolitik (1450–1520) 53
6. Die Reformation und ihre Folgen (1520–1560) 68
7. Konfessionelle Bündnisse, Kriegsvermeidung und Bauernkrieg (1560–1655) 76
8. Die Zeit der Villmerger Kriege (1656–1712) 86
9. Die Spätzeit der Alten Eidgenossenschaft (1713–1797) 98
10. Revolution, Chaos und neue Ordnungen (1798–1814) 110
11. Von der Restauration zum Bundesstaat (1815–1848) 122
12. Mehr Demokratie wagen (1848–1919) 134
13. Zwischen Faschismus, Nationalsozialismus und Zweitem Weltkrieg (1920–1945) 143
14. Allein in Europa? (1946–2010) 150

Zeittafel 163 · Literaturhinweise 169
Bildnachweis 173 · Personenregister 174

Gründerväter, in Stein gemeißelt:
James Viberts Denkmal der «Rütlischwörer», das 1914 in der Eingangshalle des Bundeshauses aufgestellt wurde, schwört bis heute die Politiker der Schweiz auf die mythischen Werte des Jahres 1291 ein.

1.

Apfelschuss und Tyrannenmord – ein produktiver Mythos

> Wir wollen sein ein einzig Volk von Brüdern,
> In keiner Not uns trennen und Gefahr.
> Wir wollen frei sein, wie die Väter waren,
> Eher den Tod, als in der Knechtschaft leben.
> Wir wollen trauen auf den höchsten Gott
> Und uns nicht fürchten vor der Macht der Menschen.

Dies ist der folgenreichste Eid der Literaturgeschichte. Im erhabenen Licht der Morgendämmerung schwören ihn die Landleute von Uri, Schwyz und Unterwalden. Ort des Bühnengeschehens von Friedrich Schillers *Wilhelm Tell* ist eine stille Wiese an den Gestaden des Vierwaldstättersees, Rütli genannt. Anlass des hier beschworenen Bundes ist nackte Willkür. Im Namen des Hauses Habsburg, das die seit je her freien Bauern unterjocht, rauben, plündern und schänden dessen Handlanger scham- und straflos, allen voran der sadistische Vogt Gessler. Das Ziel der Allianz ist also, heiliges, natürliches Recht wieder in Kraft zu setzen, das von Österreich mit Füßen getreten wurde, und zwar veredelt durch das kostbarste Gut der Zivilisation: Menschlichkeit. Die Freiheit, in der sich diese Humanität entfalten soll, kommt nicht durch Aufbruch in eine voraussetzungslose Zukunft, sondern durch belebende Rückbesinnung auf den Geist der Vergangenheit zustande; der Bund, der im abgeschiedenen Grün des Rütli geschlossen wird, versteht sich als Bekräftigung einer älteren Union. Er kennt am Ende keinen Adel mehr, sondern nur noch Brüderlichkeit. Sie entsteht nicht aus erzwungener Gleichmacherei, sondern aus einem Akt freiwilliger Selbstangleichung der Vornehmen, ist also ebenfalls Wiederherstellung eines älteren, besseren Zustands. Eine klassenlose Gesellschaft aber ist nicht geplant. Wer Hirt war, bleibt es auch nach dem Bundesschluss. Das Recht zum Widerstand, das auf dem Rütli so erhaben beschworen wird, leitet sich daraus ab, dass ein jeder seinen Boden der Natur abgerungen hat und nun kraft natürlichen Rechts sein Eigen nennt; Feudalherren können da nur als Räuber auftreten. Legitim ist allein die Oberhoheit des Reichs, unter der Voraussetzung, dass dessen Oberhaupt, der Kaiser, das Recht schützt – was er im Falle von Uri, Schwyz und Unterwalden schmählich versäumt. So vereinbaren die Verschwörer auf dem Rütli, zum Äußersten getrieben, an Weihnachten die Zwingburgen zu stürmen. Spontane Selbsthilfe oder gar Rache wird ausdrücklich untersagt.

Dennoch wird sie nötig. Denn allzu zahm gebärdet sich in der Folgezeit das Bündnis der Widerstandswilligen. Der einsame Alpenjäger Wilhelm Tell wird vom Landvogt Gessler gezwungen, mit der Armbrust auf einen Apfel zu schießen, den sein kleiner Sohn auf dem Haupte trägt. Der Kunstschuss gelingt zwar, doch wird der Schütze danach von den Mächten des Bösen gefangen gesetzt, ohne dass ihm die Rütlischwörer zur Hilfe eilen. So muss sich der unzähmbare Jäger selbst helfen, bevor er den anderen hilft. Er lauert dem Despoten Gessler in der Hohlen Gasse vor Küssnacht auf und erschießt ihn. Das ist das Fanal zum Aufstand. Überall im Lande fallen die Zwingburgen. Mit der wieder erkämpften Urfreiheit wird die Gemeinde der Brüderlichen in die Geschichte entlassen. Auf der Bühne.

Schillers 1804 uraufgeführtes Schauspiel ist eine späte, doch dafür umso wirkungsvollere Version einer mehr als dreihundert Jahre alten Geschichte. Nach anfänglich offenbar eher spröden Reaktionen in der Eidgenossenschaft wurde das Stück des deutschen Autors zur maßgeblichen Vergegenwärtigung des mythischen Anfangs der Schweizer Nationalgeschichte.

Unzählige Schützen-, Trachten- und Gesangvereine, religiöse, politische und sonstige Gruppierungen haben den Schwur, vorzugsweise auf dem Rütli, nachgesprochen, nachgesungen, nachgebetet. Die Dichtung traf das Selbstgefühl der bürgerlichen Eliten im 19. Jahrhundert, erfüllte ihr Bedürfnis, sich der nationalen Geschichte zu versichern und ihr Wirken als bruchlose Anknüpfung an hehre Uranfänge zu legitimieren. Durch Schillers Schauspiel wurde die Nation im Namen ihrer Historie zum Heiligtum erhoben und überbrückte so die Kluft zwischen Konfessionen und Weltanschauungen. Ihre Geschichte ist von einem allen gemeinsamen Gott gelenkt, ja vorherbestimmt. Mächtige und Volk sind eine Einheit; die einfachen Leute überlassen sich vertrauensvoll der Führung der Regierenden, von denen sie sich väterlich angeleitet wissen. Die Schweiz, die sich in Schillers Schwur selbst begründet, ist kein vom Makel der Revolution beflecktes, sondern ein rechtmäßiges, heroisch und honorig zugleich begründetes Staatswesen. Es kommt durch Abgrenzung gegen eine feindliche Außenwelt zustande, vermag aber mit verständnisbereiten Nachbarn sehr wohl in Frieden, d. h. Neutralität, zu leben: auf der Höhe des liberalen Zeitgeistes und zugleich für alle Zeit genossenschaftlich, bedürfnislos, einträchtig, im Einklang mit der Natur, Tradition und Moderne harmonisch verschmelzend. Bis heute glaubt – wie aus Befragungen hervorgeht – ein großer Teil der Schweizer, aber auch der übrigen Europäer, dass es so, wie bei Schiller beschrieben, und nicht anders bei der Gründung der Nation zugegangen sei.

Dementsprechend lebt die Legende fort. Am Beginn des 21. Jahrhunderts lässt sich aus der Rütli- und Tell-Erzählung ableiten, dass die Schweiz am besten fährt, wenn sie alleine fährt, d. h. außerhalb der Europäischen Union bleibt. Man kann die Tat des solidarisch-anarchischen Selbsthelfers Tell aber auch als wackeren Einsatz für eine übernationale Gemeinschaft aller Menschen guten Willens interpretieren. Der Nutzanwendung des Mythos scheinen kaum Grenzen gesetzt.

Schiller schöpfte seinen Stoff aus den *Geschichten schweizerischer Eidgenossenschaft* des Schaffhauseners Johannes von Müller (1752–1809), der den «Volksgeist» zur tragenden Kraft der Geschichte erhob. Müller wiederum stützte sich überwiegend auf die Darstellung der Ereignisse, die Ägidius Tschudi (1505–1572) in seinem *Chronicon Helveticum* bot. Tschudi, als Politiker von nationaler, als humanistischer Geschichtsschreiber von europäischer Statur, setzte mit seinem Bericht das Siegel unter die Geschichte des nationalen Befreiungskampfes und rechtfertigte damit die Existenz der Eidgenossenschaft. Diese nämlich war im fürstlichen Europa alles andere als unbestritten. Durch den Nachweis, dass der Aufstand gegen Habsburg Widerstand gegen blutige Unterdrückung, also ein Akt der Notwehr zwecks Wiederherstellung rechtmäßig erworbener und verteidigter Freiheit, war, sollte dem Bund Legitimität und Anerkennung verschafft werden. Überdies erscheint dieser bei Tschudi durchaus auf aristokratische Werte, nämlich Alter und Vornehmheit, gegründet. Die Eidgenossenschaft war für Tschudi – ihrer Entstehung gemäß – aristokratisch und unbeugsam freiheitsliebend, zeichnete sich durch die Nähe zwischen den Großen und dem Volk aus und war dadurch ihren Vorvätern, den von Cäsar zwar vertriebenen, doch nie unter das Joch gebeugten Helvetiern der Antike, wesensgleich.

Tschudi benutzte für seine Darstellung Vorlagen, deren Entstehungszeit ein knappes Jahrhundert zurücklag. Rütlischwur und Apfelschuss wurden erstmals im Weißen Buch von Sarnen aufgeführt, einer um 1470 angelegten Obwaldner Chronik bzw. Dokumentensammlung offizieller Natur; ihr Zweck war, Belege für Rechtsansprüche zu liefern. Ältere Zeugnisse über die Vorgänge aber fehlen. Damit klaffte, wie auch immer man den Eid und den Tyrannenmord im Einzelnen datierte, ein Zeitabstand von mehr als anderthalb Jahrhunderten zwischen den Ereignissen und deren erster Erwähnung. Diese Lücke gab zu denken, umso mehr, als im 18. Jahrhundert eine umstürzende Entdeckung gemacht wurde: Die Geschichte vom Apfelschuss hatte ältere, skandinavische Ursprünge. War sie also nichts als eine Wandersage und als solche nicht einmal bodenständig?

Der Mythos war also bereits von der unaufhaltsam fortschreitenden kritischen Geschichtswissenschaft bedroht, als Schiller ihn allgemeingültig niederschrieb – ein wesentlicher Grund für den Erfolg seines Stückes. Doch auch wenn sich noch in der zweiten Hälfte des 20. Jahrhunderts einzelne Historiker berufen fühlten, Tells geschichtliche Authentizität zu «retten» – Rütlischwur und Apfelschuss gehören unwiderruflich ins Reich der Legende. Dass «alles ganz anders gewesen ist»: diese Erkenntnis mindert nicht die Faszination des Mythos, sondern verleiht ihm zusätzliche Dimensionen und Tiefe. Denn was immer sich auf dem Gebiet der späteren «Urkantone» um 1300 abgespielt hat, die idealisierte Darstellung dieser Vorgänge ist durch die Kluft zu den ermittelten Fakten nicht als «Fälschung» abgewertet. Im Gegenteil, der Mythos zeigt, wie sich die politischen Akteure in der zweiten Hälfte des 15. Jahrhunderts die Vorgeschichte der Eidgenossenschaft vorstellten und dadurch ihr eigenes Wirken rechtfertigten. Zur Entstehungszeit der Befreiungserzählung nämlich trat die Schweiz erstmals als ein genauer abgegrenztes ideologisches, politisches und militärisches Sondergebilde, ja ansatzweise sogar als eigene Nation innerhalb des Heiligen Römischen Reiches hervor, das sich ungefähr gleichzeitig mit dem Zusatz «deutscher Nation» genauer zu definieren begann. Die Geschichte von Rütli und Tell ist die eidgenössische Visitenkarte im Europa der um Rang und Rechte rivalisierenden Nationen.

Dieser Konkurrenz entsprechend ist sie ein Produkt von Propagandakämpfen. Sie stellt einer habsburgisch-österreichischen Erzählung, die von Verrat, Heimtücke und Unrecht der Eidgenossen zu berichten weiß, eine exemplarisch gute Gründungsgeschichte gegenüber. Der von weit entfernter Vergangenheit handelnde Mythos ist somit im 15. Jahrhundert erregende Zeitgeschichte und zugleich mehr. Er wird nach und nach zu einem Kernstück des Nationalbewusstseins und damit selbst eine geschichtsmächtige Kraft. Denn die Entstehung von Nationen im Europa der Frühen Neuzeit ist in hohem Maße ein Prozess der Selbsterfindung. In ihm hat der Mythos seine kreativen Wurzeln.

Die Differenz zwischen dem Mythos und den geschichtlichen Abläufen auszuloten, wie sie von der historischen Forschung rekonstruiert wurden – und zwar ohne den Anspruch, das «letzte Wort» gesprochen zu haben –, heißt deshalb nicht, dem Mythos am Zeug zu flicken. Im Gegenteil: die dabei zutage tretende Spannweite zeigt, wie aus der Geschichte Sinn für die Gegenwart gefiltert und die Vergangenheit zur Verpflichtung für Gegenwart und Zukunft erhoben wird. Überdies zeigt sich, wie generationenübergreifend verbindliche Normen geschaffen werden und daraus ein Bild der Nation hervorgeht, das im Kern bis heute Gültigkeit beansprucht.

2.

Vom Bundesbrief zur Bundeserweiterung (1291–1370)

Vor die schwierige Aufgabe gestellt, Apfelschuss, Rütlibund und die Folgen in eine logische Abfolge zu bringen und in den übergeordneten Geschichtszusammenhang einzuordnen, datierte der humanistische Historiker Tschudi den Schwur auf den 8. November 1307 und den Burgenbruch auf die darauf folgende Neujahrsnacht. In Frage gestellt wurde diese Chronologie, als nach langer Vergessenheit der lateinisch abgefasste Bundesbrief von 1291 wiederentdeckt wurde. In diesem schlossen sich Uri, Schwyz und Nidwalden zur Wahrung des Landfriedens, also zur Sicherung geregelter Rechtswege statt gewaltsamer Durchsetzung von Ansprüchen, und zum Schutz weiterer gemeinsamer Interessen zusammen. Die eigenständige Talschaft Obwalden (innerhalb des Bundes mit Nidwalden zu «Unterwalden» vereinigt) scheint sich später angeschlossen zu haben. Dieser «zu Beginn des Monats August» datierte Bund wurde im Laufe des 19. Jahrhunderts zum eigentlichen Gründungsakt der Schweiz erhoben. Dementsprechend wurde der Nationalfeiertag auf den 1. August datiert und 1891 eine aufwendige Sechshundertjahrfeier inszeniert.

Zu einer solchen Überhöhung ist das Dokument von 1291 jedoch nur bedingt geeignet, nicht zuletzt deshalb, weil darin ein älterer, nicht genauer datierbarer Bund erwähnt wird. Über die Friedenssicherung hinaus sind weitere Ziele konkret fassbar. Die den Vertrag schließenden Parteien versprachen sich wechselseitige Unterstützung bei Gewalt von innen und außen, legten Schlichtungsverfahren bei Streitigkeiten untereinander fest und verpflichteten sich zum Gehorsam gegen rechtmäßige Herrschaft und Richter. Die letzteren durften allerdings nicht von auswärts kommen und ihr Amt nicht kaufen. Auf diese Weise konstruierte der Landfriedensbund Umrisse eines einheitlichen Gebiets mit gemeinsamem Rechtsstatus. Dieser lief auf Reichsfreiheit hinaus, modern ausgedrückt: auf Selbstverwaltung und regionale Autonomie unter der alleinigen Hoheit des Reiches, seines Rechts und seines Oberhaupts. Ein solches aber gab es zur Zeit des Vertragsschlusses nicht. Der römische König Rudolf von Habsburg, 1273 nach dreiundzwanzigjährigem Interregnum gewählt, war am 15. Juli 1291 in Speyer gestorben. Die politischen Verhältnisse auf oberster Ebene waren also unsicher, falls ein feindlicher Nachfolger erkoren werden sollte, ja sogar potentiell bedrohlich – auch das ein Anlass der Bundesgründung. Landfriedensabkommen in krisenhaften Zeiten waren im Reich und außerhalb davon nicht selten. Sie zeugten vom Streben regionaler und lokaler Führungsschichten nach Selbsthilfe, ja vom Willen zur Kleinräumigkeit, auch das ein Leitmotiv der Zeit. Die Parole «Regionen gehören regionalen Eliten» aber drohte gerade jetzt unzeitgemäß zu werden. Ob in Italien oder nördlich der Alpen: im Laufe des 14. Jahrhunderts nahm die Territorialisierung von Herrschaft allenthalben konkrete Formen an. Darunter ist der Prozess zu verstehen, der zur Ausbildung größerer und im Inneren stärker vereinheitlichter Herrschaftsgebiete mit stetig weiter ausgebauten Machtzentralen führte. Diese Entwicklung gelangte zwar bis zum Ende Alteuropas in den Stürmen der Französischen Revolution nirgendwo zum Abschluss, prägte jedoch das politische Klima und vor allem das Verhältnis von regierender Dynastie und örtlicher Aristokratie durch Jahrhunderte hindurch entscheidend.

Ihre traditionellen Freiräume sahen die führenden Schichten von Uri, Schwyz und Unterwalden, der sogenannten Waldstätte, durch das Haus Habsburg gefährdet. Im Gebiet der späteren Eidgenossenschaft, im Elsass und im Sundgau begütert, war diese Familie seit der Regierung König Rudolfs durch den Erwerb der Herzogtümer Österreich und Steiermark zur europäischen Großmacht aufgestiegen. In den Augen altadeliger Familien waren die Habsburger also Emporkömmlinge; und typisch für Aufsteiger erwies sich auch die Dynamik ihrer Herrschaftsbildung. Gegen die ausschlaggebende politische Verfügungsgewalt dieser Dynastie bzw. ihrer Amtsträger in der Region war der Bund von 1291 somit gerichtet. Dieser Wille zur regionalen Selbstbestimmung aber wurde, dem Legitimitätsverständnis der Zeit entsprechend, mit wohlerworbener alter Freiheit begründet. Dabei wich die Rechtskonstruktion von der Rechtswirklichkeit zumindest zum Teil ab. Dass das Gebiet von Uri seit 1231 den Rechtsstatus der Reichsfreiheit besaß, stand außer Frage und wurde auch im Zuge späterer Rückeroberungsversuche Habsburgs nie bestritten. Kontrovers interpretierbar war die Lage in Schwyz. Hier wurde den Landleuten 1240 ein kaiserlicher Freiheitsbrief ausgestellt, gleichwohl standen sie am Ende des 13. Jahrhunderts unter habsburgischer Gerichtshoheit. Weder Nidwalden noch Obwalden hingegen gelangten vor 1291 jemals in den Genuss vergleichbarer Privilegien. Die Zugehörigkeit dieser Gebiete zur gräflichen Herrschaft der Habsburger war daher nach Ausweis der Dokumente unstrittig. Die örtlichen Traditionen hingegen, die das Bewusstsein der führenden Familien prägten, wussten von uralter Reichsunmittelbarkeit zu berichten. Dieser Überlieferung treu, waren die tonangebenden Geschlechter beider Talschaften bestrebt, die am Anfang des 14. Jahrhunderts regierenden römischen Könige bzw. Kaiser zur Ausstellung von Freiheitsbriefen zu bewegen, welche die angeblich seit langem bestehenden Autonomien rechtskräftig bestätigen sollten.

Diese Bemühungen zeitigten 1309 unter Heinrich VII. und 1316 während der Regierung Ludwigs IV., des Bayern, Erfolge. Dass die Bitten Gehör fanden, erklärt sich aus der reichspolitischen Situation; beide Herrscher waren unmittelbare Machtkonkurrenten der Habsburger. Früh zeichnete sich so ein Leitmotiv der eidgenössischen Geschichte ab: die Gegenläufigkeit zu den Geschicken Habsburgs. Den Nischenplatz auf der machtpolitischen Landkarte, nach dem sie wie so viele regionale Eliten in ganz Europa suchten, glaubten die politisch ausschlaggebenden Kreise der Eidgenossenschaft nur außerhalb der Landeshoheit einer mächtigen Dynastie zu finden.

Dass die Waldstätte um 1300 im Gegensatz zu diesen Bestrebungen nicht in idyllischer Abgeschiedenheit verharrten, sondern ins Zentrum machtpolitischer Interessen rückten, hatte mit der in den Jahrzehnten zuvor energisch voranschreitenden Entwicklung des Fernhandels und der von ihm benötigten Verkehrswege, speziell der Passstraßen, zu tun. Für die italienische Boomökonomie, Treibrad der damaligen Weltwirtschaft, aber auch für die Zwecke der alpinen Produzenten mit ihren Fleisch- und Käseexporten gewann die um 1230 durch Überbrückung der Schöllenenschlucht nutzbar gemachte Gotthardroute mit der Zeit größere Bedeutung, ohne allerdings den Transitwegen in Savoyen oder Graubünden bereits den Rang abzulaufen.

Von einer Opposition der Bauern gegen den Adel, geschweige denn einer ideologisch überhöhten Frontstellung aber kann in dieser frühen Zeit keine Rede sein, und zwar schon deshalb nicht, weil die Führung der Talgemeinden in den Händen alteingesessener Geschlechter lag. In Uri und Unterwalden bestimmten Freiherrenfamilien oder Ministerialendynastien, die durch die Verwaltung klösterlicher Grundherrschaft aufgestiegen waren, die Politik der Loslösung von Habsburg. In Schwyz hingegen dominierten wohlhabende Bauerngeschlechter, die ihrerseits Züge einer klar umrissenen Führungsschicht annahmen; aus einer dieser Sippen stammte jener Stauffacher, der in Schillers Schauspiel zur Seele des Rütlibundes wurde. Diese regionalen Aristokratien waren ans Ruder gelangt, als während der unsicheren Rechtsverhältnisse des Interregnums vornehmere, nicht im Land ansässige Adelsfamilien ihre Interessenschwerpunkte aus der Region hinaus verlagert hatten.

Werner von Homberg beim Sturm auf italienische Stadtmauern: Die farbige Illustration aus der Manessischen Liederhandschrift zeigt den adeligen Söldnerführer, der nach neueren Forschungen als Reichsvogt der drei Waldstätte eine Schlüsselrolle in der Vorgeschichte der Eidgenossenschaft spielte.

Umso mehr war die neue Elite darauf bedacht, ihre frisch gewonnene Position zu festigen. Zu diesem Zweck war sie bestrebt, fremde Grundherrschaften, die zur Einforderung von Abgaben und Dienstleistungen berechtigten, unter ihre Kontrolle zu bringen; diese ganz abzuschaffen oder gar eine Gesellschaft gleichberechtigter freier Landleute zu begründen, lief ihren Absichten völlig zuwider. Das ungelöste Spannungsverhältnis zwischen dem Bemühen um Selbstbestimmung im regionalen Rahmen und übergeordneter Territoriumsbildung führte in der Folgezeit zu vielfältigen Schuldzuweisungen. Mit dem Vorwurf der Tyrannis einerseits sowie des Aufruhrs und Verrats andererseits sollte die Gegenpartei nachhaltig delegitimiert werden.

Diesen latenten Konflikt verschärften weitere Faktoren. Dazu gehörte die antihabsburgische Ausrichtung der Waldstätte im Reich. Hier gestaltete sich die Situation für sie zunächst überraschend günstig. Nach der Ermordung König Albrechts I. im Frühjahr 1308 sollte es einhundertdreißig Jahre dauern, bis wieder ein Vertreter des Hauses Habsburg unangefochten die höchste Reichswürde innehatte. Da die in der Zwischenzeit regierenden Reichsoberhäupter aus den Dynastien Wittelsbach und Luxemburg ihre Macht durch die Zurückdrängung ihrer österreichischen Rivalen auszubauen suchten, ergaben sich für die Eidgenossen und ihren wachsenden Bund immer wieder günstige Gelegenheiten dazu, auf der Grundlage gemeinsamer Gegnerschaft Allianzen zu schließen. So etwa 1314, als sich die Wähler nach dem Tod des Luxemburgers Heinrich VII. nicht auf einen für alle genehmen Kandidaten einigen konnten und die führenden Familien der Talschaften für Ludwig den Bayern und gegen Friedrich den Schönen von Habsburg Partei nahmen.

Zu diesem Zeitpunkt lag ein weiterer Affront erst wenige Monate zurück. Im Januar 1314 war die seit langem schwelende Auseinandersetzung der Schwyzer mit dem Kloster Einsiedeln über die Grenzen der jeweiligen Besitzungen zu offener Gewalttätigkeit eskaliert. Der nächtliche Überfall auf die reichsfreie Abtei richtete sich zugleich gegen Habsburg, unter dessen Schutz das Gotteshaus stand. So rüstete Herzog Leopold I. von Österreich zu einer militärischen Unternehmung, welche die «Klosterräuber», die Anhänger des «Gegenkönigs» und die «Rebellen» gegen die Landesherrschaft zugleich in die Schranken weisen sollte. Am 15. November 1315 aber entschieden die Waffen anders. Am Morgarten, einem Berg am Südende des Ägerisees im Grenzgebiet zwischen Schwyz und Zug, unterlag das ungefähr zweieinhalbtausend Mann zählende habsburgische Heer dem nur halb so großen, doch durch bessere Kenntnis bzw. Ausnutzung des beengten Geländes zwischen Hohlweg und sumpfigen Wiesen überlegenen Aufgebot von Uri, Schwyz und Unterwalden. Die Sieger selbst wie die nachfolgenden Generationen der Eidgenossenschaft sahen in diesem unerwarteten Triumph der «Landleute» über die stolzen «Ritter» einen göttlichen Fingerzeig. Die jährlich begangene Schlachtenfeier verankerte den ersten großen Erfolg gegen einen übermächtigen Gegner tief in der kollektiven Erinnerung.

Die unmittelbare Folge der Schlacht war der am 9. Dezember 1315 in Brunnen geschlossene Bund, der die Bestimmungen von 1291 aufnahm und auch in räumlicher Hinsicht erweiterte; diesmal nämlich war Obwalden mit von der Partie. Die antihabsburgische Stoßrichtung der Allianz war jetzt vollends unübersehbar. So verpflichteten sich die drei Waldstätte, ohne die Billigung der anderen Bundesglieder keinen Oberherrn anzuerkennen und, mehr noch, ohne diese Zustimmung nicht einmal mit fremden Mächten Verträge zu schließen oder auch nur Verhandlungen zu führen. Die grundherrlichen Rechte blieben zwar prinzipiell in Kraft, doch wurden sie im Fall aggressiver Mächte (d. h. Habsburgs) bis zum Frieden suspendiert. Auf diese Weise zeichnete sich neben der Abgrenzung nach außen und der Landfriedenssicherung eine ausgeprägte innere Zielsetzung ab. In ihrer Summe nämlich liefen die wichtigsten Klauseln auf die Bewahrung des Status quo, das heißt auf Herr-

Die Schlacht am Morgarten, wie sie sicher nicht stattfand:
170 Jahre danach wird der Überfall auf den Habsburger Herzog in der
Spiezer Chronik Diebold Schillings phantasievoll zu einem Kampfgetümmel
ausgemalt, für das der Sieg der Eidgenossen über Karl den Kühnen bei Murten
wenige Jahre zuvor Modell gestanden haben dürfte.

schaftssicherung und damit eine Bestandsgarantie der regierenden Eliten hinaus. Diese sollten sich denn auch bis über die Mitte des 14. Jahrhunderts hinaus behaupten. Dann allerdings hatten sie ihren Platz nachrückenden Familien zu räumen, wobei es keineswegs immer friedlich zuging. So hat die Vermutung manches für sich, dass in den Mythos vom Sturz böser Herrschaft durch Rütlischwur und Tyrannenmord nicht nur der Dauergegensatz zu Habsburg, sondern auch diese innere Umwälzung Eingang gefunden haben könnte.

Eine weitere bedeutsame Neuausrichtung vollzog sich 1332. In diesem Jahr schlossen die drei Waldstätte ein Bündnis mit Luzern. Die dortigen Verhältnisse waren wie in so vielen städtischen Gemeinwesen nördlich und südlich der Alpen chronisch konfliktträchtig; die Frontlinien verliefen innerhalb des regierenden Patriziats selbst, doch sorgten darüber hinaus die Ansprüche wohlhabender Familien aus Handwerk und Handel für Zündstoff. Zusätzlich angefacht wurden die Auseinandersetzungen durch den Streit über die künftige Orientierung der Stadt. Luzern gehörte zum österreichischen Herrschaftsbereich, doch hegte zumindest ein Teil der führenden Bürger weiterreichende Aspirationen. Solche Erwartungen wurden vom Pakt mit den Waldstätten nur in begrenztem Maße erfüllt, behielt er doch die Rechte Habsburgs ausdrücklich vor. Als Instrument der Expansion ungeeignet, sicherte er den vertragschließenden Parteien stattdessen wechselseitige Hilfe im Falle eines – feierlich zu beschwörenden – Notfalls zu, untersagte neue Bündnisse ohne Einverständnis der anderen und schrieb für Streitfälle ein Schiedsgerichtsverfahren vor. Die Anlehnung an Uri, Schwyz und Unterwalden sollte den regierenden Kreisen somit Rückhalt und der Stadt als ganzer Rückendeckung gegen die erneut ausgreifenden habsburgischen Territorialisierungsbestrebungen bieten. Von mehr aber konnte vorerst nicht die Rede sein. Durch das Bündnis von 1332 sah sich Luzern innerhalb des habsburgischen Herrschaftsverbandes zwar in eine exponierte, oft genug mit Misstrauen beäugte Position versetzt,

Brief und Siegel für die Waldstätte:
Die Urkunde König Ludwigs des Bayern vom 1. Mai 1327 bestätigt Uri, Schwyz und Unterwalden sämtliche Privilegien, darunter die Reichsfreiheit. Grund für so viel Großzügigkeit: der König brauchte Söldner für seinen Romzug.

doch kam die vorerst lockere Anbindung an die Talschaften keinesfalls einem «Abfall» von der angestammten Obrigkeit gleich. Entsprechend gespalten blieb das innerstädtische Parteiengefüge in der Folgezeit.

Eine komplexe Vermischung innerer und äußerer Motive weist auch die nächste bedeutsame Bundeserweiterung knapp zwei Jahrzehnte später auf. In der Reichsstadt Zürich war es 1336 zu einer Umwälzung der Machtverhältnisse gekommen. Der dem vornehmen Stadtadel entstammende Rudolf Brun hatte im Bündnis mit den Zünften die Vorherrschaft wohlhabender Kaufmannsgeschlechter gestürzt und sich im Stile italienischer Einzelherrscher (signori) weitreichende Vollmachten zu sichern verstanden. Diese Machtkonzentration aber bedurfte der Konsolidierung nach innen und außen. So sollte der 1351 auf Betreiben Bruns geschlossene Bund Zürichs mit Luzern und den drei Waldstätten zum einen die Position der Limmat-Stadt in einem habsburgisch dominierten Umfeld sichern. Zum anderen diente der Pakt der Stützung des Brunschen Regimes, das – am Ende vergeblich – den Rang der «Ritter», der ältesten städtischen Aristokratie, zu bewahren versuchte und zugleich, zukunftsweisend, die Oberschicht der Zünfte an der Macht beteiligte. Im Einzelnen sah der Vertrag ähnliche Bestimmungen wie das Bündnis der Waldstätte mit Luzern vor, war im Vergleich zu diesem jedoch ausführlicher und juristisch ausgefeilter. So wurde für die wechselseitigen Hilfsverpflichtungen ein Raum abgesteckt, der vom Rhein im Norden bis zu den Gebieten des heutigen Tessins im Süden reichte. Detailliert ausgearbeitet wurde auch das Schiedsgerichtsverfahren, das jeweils zwei Vertreter beider Seiten und bei Stimmengleichheit die Hinzuwahl eines fünften, ausschlaggebenden Repräsentanten der Eidgenossenschaft vorsah. Als folgenreich erwies sich der Artikel, der allen Seiten Bündnisfreiheit zusicherte, die neue Allianz jedoch allen übrigen Verpflichtungen voranstellte. Zürich, das mit oberdeutschen Reichsstädten und Territorien vielfältig verbunden, in seinen Handelsinteressen gleichfalls nach Norden ausgerichtet und aufgrund seiner geographischen Lage auf einen erträglichen Modus vivendi mit Habsburg angewiesen war, sollte noch ein Jahrhundert lang die Union mit den Waldstätten als eine Option unter anderen betrachten. Seine Partner hingegen legten die außenpolitische Klausel des Vertrags von 1351 sehr viel exklusiver aus: eine Differenz, die den Keim künftiger Konflikte in sich barg.

Einen Teil der Eidgenossenschaft bildete das 1352 hinzugekommene Land Glarus nur in sehr eingeschränktem Sinne, zu schlecht waren die ihm im «Bösen Bund» dieses Jahres zugestandenen Rechtsverhältnisse. Die aufgrund ihrer exponierten Lage auf Schutz angewiesenen Glarner mussten Zürich und den Waldstätten nach deren Gutdünken Hilfe leisten, durften selbst aber nur auf Unterstützung zählen, wenn die mächtigeren Partner diese für gerechtfertigt hielten. Zudem konnten diese das Abkommen eigenmächtig abändern. Innerhalb des Bundesgeflechts nachgeordnet, ja abhängig, sollte Glarus erst 1393 (bzw. endgültig bestätigt im «Besseren Glarnerbund» von 1473) entschieden aufgewertet werden. Günstiger gestalteten sich die Rechtsverhältnisse der – wie Glarus zum habsburgischen Gebiet gehörigen – Stadt Zug, die 1352 zusammen mit drei kleineren freien Gemeinden in ihrem Umland erobert und der Eidgenossenschaft angeschlossen wurde; für sie wurden im Wesentlichen die Bestimmungen des Zürcher Bundes maßgeblich. Durch diese gewaltsamen Erweiterungen war Österreich – dessen Rechte diesmal nicht, wie noch zwanzig Jahre zuvor, vorbehalten wurden – herausgefordert. Eine Reaktion ließ nicht lange auf sich warten. Herzog Albrecht II. marschierte mit einem bedeutenden Truppenkontingent Richtung Zürich und setzte im Friedensschluss vom 1. September 1352 harte Bedingungen durch. Glarus und Zug hatten den Bund zu verlassen, die grundherrlichen Rechte Habsburgs in der Innerschweiz und die Gehorsamspflichten Luzerns wurden ausdrücklich anerkannt. Doch blieb die Wiederherstellung der alten Machtverhältnisse eine Episode, im Gegensatz zur Bindung Luzerns an die Eidgenossenschaft, die gleichfalls bestätigt wurde.

Geopolitisch völlig neue Perspektiven öffneten sich dieser schon wenig später durch das Bündnis mit Bern. Die von den Zähringern gegründete, machtvoll emporstrebende Reichsstadt nämlich verfolgte nach frühem Gewinn eines Herrschaftsgebiets im Oberland ihre territorialen Interessen überwiegend im Westen. Dort stellten sich der anvisierten Expansion allerdings in Gestalt der österreichischen Stadt Freiburg im Uechtland und Savoyens Hindernisse entgegen. Von beiden Seiten wie den übrigen adeligen Nachbarn, den Grafen von Greyerz, von Kyburg und von Neuenburg, wurde die Stadt an der Aare daher als gefährliche Machtkonkurrentin gefürchtet. Und das zu Recht: nach schwerem Kampf behielt das Berner Aufgebot, von den Waldstätten tatkräftig unterstützt, in der Schlacht von Laupen am 21. Juni 1339 die Oberhand über ihre Rivalen. In der Folgezeit sicherte sich Bern durch Verträge mit diesen ab und verfolgte seine Territorialpolitik gegenüber Adel und Städten des Umlandes systematisch weiter. Das 1353 mit Uri, Schwyz und Unterwalden geschlossene (und unmittelbar darauf durch Zusätze indirekt um Zürich und Luzern erweiterte) Bündnis blieb vor diesem Hintergrund vorerst eine Vernetzung unter anderen. Dementsprechend sah der Vertrag die inzwischen üblichen Klauseln zu Hilfeleistung und Schiedsgerichtsbarkeit, und zwar in einer für die starke Stadt mit dem Bärenwappen günstigen Variante, nicht jedoch eine Einengung des künftigen diplomatischen Spielraums vor. Durch den Beitritt Berns war die Eidgenossenschaft «achtörtig» geworden; die Aufnahme weiterer «regierender Orte» sollte länger als ein Jahrhundert auf sich warten lassen. Zugleich war durch die Aarestadt ein neues, dynamisches Element, ja fast schon eine zweite, nach Westen ausgerichtete Eidgenossenschaft zum alten, ländlichen Bund hinzugekommen.

Um dieselbe Zeit setzte in mehreren Orten die erwähnte Elitendämmerung ein. Nach 1357 wurde mit Johannes von Attinghausen der Protagonist des alten Adels in Uri gestürzt; 1381 verloren mit den Hunwil und den Waltersberg die führenden Geschlechter von Obwalden bzw. Nidwalden ihre Vorrangstellung. Parallele Entwicklungen vollzogen sich in den Städten, vor allem in Luzern. Gleitender gingen die Übergänge in Zürich und Bern vonstatten. An der Limmat wurden 1371, elf Jahre nach dem Tod Rudolf Bruns, dessen Söhne ausgeschaltet, womit das «Ritterintermezzo» ein Ende fand, doch ergänzte sich hier die Führungsschicht überwiegend schrittweise, ohne allzu harte Brüche; ähnlich verlief der Rekrutierungsprozess in Bern, wo sich im 15. Jahrhundert gleichfalls alte und neue, aus den Handwerken aufsteigende Familien im Rat gegenübersaßen.

Einschneidende Folgen zeitigte die sozialhistorische Zäsur hingegen in der Innerschweiz. Hier scheint es beim Wechsel der Führungsschicht zu weitreichenden Allianzen gekommen zu sein. Die neue Amtsträgerschicht muss sich ihre Führungsposition durch Entgegenkommen gegenüber der Talgemeinde erkauft haben. Die mythenbeladene Institution der Landsgemeinde gewann so Gestalt. Bis zu den Erschütterungen der Französischen Revolution, die am Ende auch keine Totalauswechslung, sondern eher eine partielle Erweiterung von Führungsschichten herbeiführte, blieben vergleichbare Einschnitte aus. Wie Italien sticht die Schweiz bis zum Ende des Ancien Régime durch eine beträchtliche Eliten- und Besitzkontinuität hervor.

Von innerem Zusammenhalt durch staatliche Strukturen aber war sie im 14. Jahrhundert weit entfernt. Innerhalb der Eidgenossenschaft dominierten die örtlichen Eigeninteressen, von den zwischen ihnen bestehenden Hierarchien des Rechts und des Prestiges ganz zu schweigen. Landfriedensbünde waren zeittypisch; die zwischen den Waldstätten und ihren städtischen Partnern geschlossenen Vereinbarungen fielen vorerst kaum aus dem Rahmen. Dass sich die Allianz der Städte und der ländlichen Orte – im Gegensatz zu so vielen anderen ähnlichen Zusammenschlüssen – aber als dauerhaft erweisen und damit entschieden eigenständige Wege einschlagen würde, war keineswegs absehbar. Im Gegenteil: trotz aller regelmäßiger Erneuerungen und des darin beschworenen Willens zum ewigen Zusammenhalt musste diese Verklammerung angesichts der Heterogenität der Glieder mehr als zweifelhaft erscheinen. Speziell die Ewigkeitsklauseln der Bünde konnten Kompromisse erschweren, die bei entsprechender Befristung vermutlich leichter zu finden gewesen wären; andererseits zwangen sie zur Suche nach dauerhaften Lösungen, die auch schwereren Belastungen standzuhalten vermochten. Angesichts der Verschiedenheit von Interessenausrichtungen und inneren Strukturen war das ein mühsames Unterfangen. Städte mit einem allmählich einheitlicher verwalteten Untertanengebiet auf der einen, Talschaften ohne urbane Zentren, aber mit ausgeprägtem Willen zum Festhalten am Herkommen auf der anderen Seite, dazu städtische und ländliche Eliten mit unterschiedlichem Lebensstil und Auftreten: eine nüchterne Zukunftsprognose hätte gedämpft ausfallen müssen. Stellt man zudem die verschiedenen geostrategischen Perspektiven in Rechnung – Bern und Freiburg blickten nach Westen, Zürich zum Bodenseeraum, die Inneren Orte nach Süden, das 1501 beigetretene Basel zum Oberrhein –, so drängte sich schon klarsichtigen Zeitgenossen das Fazit auf, dass hier schrittweise zusammenwuchs, was keineswegs von vornherein zusammengehörte. Zudem musste die – allen Erwartungen der Nachbarn zuwider – fortschreitende Verfestigung der Eidgenossenschaft von den alten Kultur- und Herrschaftsräumen, zwischen denen sie entstand, von Savoyen, Burgund, Mailand und Österreich, als Störfaktor, ja als Ärgernis empfunden werden. Dass ein derartig komplexes Gebilde wie das Bundesgeflecht zudem ohne die Schiedsrichterfunktion eines prestigeträchtigen Oberherrn und damit ohne eine Rolle auskam, wie sie z. B. Maximilian von Habsburg innerhalb des gleichfalls sehr heterogenen Schwäbischen Bundes spielte, erklärt sich daraus, dass in der Eidgenossenschaft der in Süddeutschland so virulente Konflikt zwischen mächtigen Feudalherren und den Städten längst zu deren Gunsten entschieden war.

Das Feindbild Habsburg, wie es sich vollgültig im 15. Jahrhundert ausbildete, allein konnte nicht zusammenschweißen, umso weniger, als es sich in wichtigen Bundesgliedern wie Zürich noch nicht konkurrenzlos durchzusetzen vermochte. Für die weitere Verfestigung der Eidgenossenschaft erwiesen sich in der Folgezeit vor allem vier Faktoren als ausschlaggebend. Zukunftsweisend wurde zum einen die allmähliche Verdichtung der Bünde zu einem deutlicher konturierten Gefüge mit gemeinsamen innenpolitischen Zielrichtungen und entsprechenden Einrichtungen. Diese Entwicklung war zum anderen untrennbar verknüpft mit der gemeinsamen Eroberung abhängiger Gebiete, die es auch gemeinsam zu verwalten galt: die wohl stärkste innere Verfugung bis zur Französischen Revolution. Zum dritten stellte sich am Ende des 15. Jahrhunderts dadurch, dass sich das Heilige Römische Reich deutscher Nation neue zentrale Institutionen schuf, eine Abstoßungsreaktion ein, die den inneren Zusammenhalt der Eidgenossenschaft festigte. Viertens schließlich wurden die in diesem Zusammenhang ausgetragenen militärischen Kämpfe auf beiden Seiten von den Wortkriegen der Humanisten begleitet, welche die Idee der Nation und ihrer ebenso unveränderlichen wie unveräußerlichen Wesenszüge in den Köpfen der Eliten verankerten.

3.

Verdichtungen und Zerreißproben (1370–1450)

Bemühungen um vereinheitlichende Regelungen innerhalb des Bundes zeichneten sich mit dem Pfaffenbrief von 1370 und in noch stärkerem Maße mit dem Sempacherbrief von 1393 ab. Der erstere – so genannt, weil er fremde Geistliche eidgenössischen Gerichten unterwarf – sollte die obrigkeitliche Gewalt durch Einschärfung von Gehorsamspflichten stärken, Rechtssicherheit in Handel, Zahlungsverkehr und Schuldrecht garantieren sowie die Zuständigkeit in Militärangelegenheiten abgrenzen. Zu diesem Zweck wurden nicht autorisierte Anwerbungen von Söldnern und Fehden aller Art untersagt. So rigoros diese Verbote auch ausfielen und so regelmäßig sie auch verkündet wurden – beides, die Kompromisslosigkeit der Formulierungen wie die monotone Wiederholung der Erlasse, zeugt von der Dringlichkeit und der Erfolglosigkeit solcher Bestrebungen zugleich. Gegen Ende des 14. Jahrhunderts häuften sich allenthalben die Klagen über die herrschende Fried- und Gesetzlosigkeit sowie die Gewalttätigkeit auf allen Ebenen.

Im (nach englischen Söldnern bzw. deren Kopfbedeckung benannten) Guglerkrieg vermochte sich das Aufgebot der Stadt Bern, verstärkt durch Zuzug von Zürich, Luzern und weiterer Verbündeter, Ende Dezember 1375 gegen eine marodierende Soldateska in Diensten eines französischen Hochadeligen durchzusetzen: nachts, im Kampf Mann gegen Mann, in Kreuzgang und Räumlichkeiten des Klosters Fraubrunnen. So strategisch zweitrangig dieses blutige, für beide Seiten verlustreiche Scharmützel auch gewesen sein mochte, es trug den

Kriegsruhm der Bären-Stadt an der Aare ein weiteres Mal durch das feudale Europa. Von nachhaltigerer Bedeutung für die territoriale Entwicklung der Eidgenossenschaft und ihrer internationalen Reputation wurde der sich Mitte der 1380er Jahre abzeichnende Krieg mit Herzog Leopold III. von Österreich. Dieser hatte in den westlich und nördlich angrenzenden Gebieten der sogenannten Vorderen Lande (Vorlande) seine Herrschaft ausgebaut. Diese Unternehmungen aber wurden dadurch, dass die eidgenössischen Städte, allen voran Luzern, habsburgische Untertanen (z. B. des Entlebuchs und Sempachs) in ihr Bürgerrecht aufnahmen, empfindlich gestört. Im Februar 1385 verbündeten sich Zürich, Bern, Zug und Solothurn, das immer mehr in die informelle Rolle eines neunten eidgenössischen Ortes hineinwuchs, mit mehr als fünfzig Städten im Reich. Doch zum eigentlichen Motor des Krieges wurde

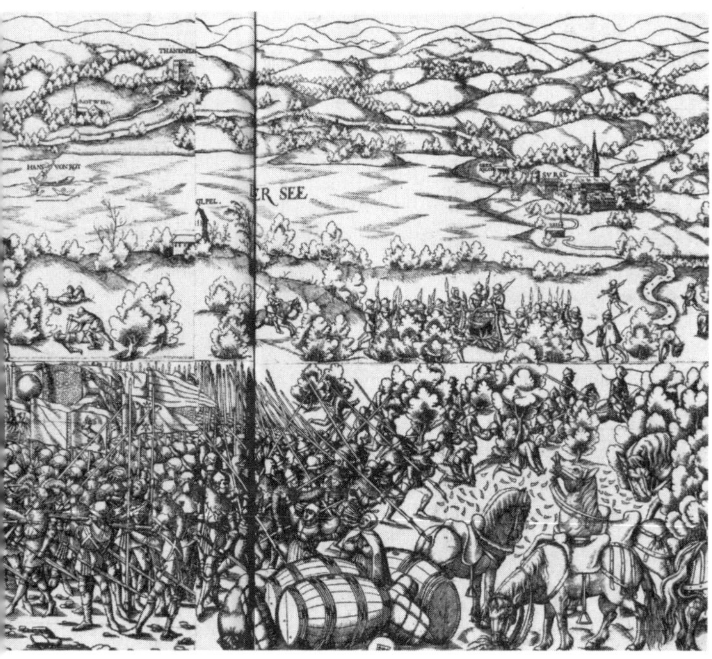

Ein Wendepunkt der eidgenössischen Geschichte, wie ihn die Nachwelt sah: Hans Rudolf Manuels Holzschnitt aus dem Jahre 1551 zeigt die Schlacht von Sempach am 9. Juli 1386, wie die patriotische Legende sie schilderte. In der Mitte des Kampfgetümmels zieht Arnold Winkelried die Spieße der Feinde auf sich, um den Eidgenossen eine Gasse zu bahnen.

erneut Luzern, dem die drei Waldstätte Truppenunterstützung zukommen ließen.

Diese Verbände siegten am 9. Juli 1386 bei Sempach gegen das Heer Leopolds III., dem verschiedene süddeutsche Rittergesellschaften sowie Söldner aus Frankreich und Italien zugezogen waren; der Herzog selbst fiel im Kampf. Nach Morgarten und Laupen war die Eidgenossenschaft eines dritten Schlachtenwunders teilhaftig geworden, welches ein weiteres Mal die Gottgefälligkeit ihrer Anliegen unter Beweis stellte – so die Auslegung der Sieger. Kein Wunder war es hingegen, dass die Schlacht, in der Bürger und Bauern über das stolze Ritterheer triumphierten, phantasievoll ausgeschmückt wurde. Die Erzählung, wonach Arnold (Erni) Winkelried aus Stans die glückliche Wende durch sein Selbstopfer herbeiführte, ist aus zeitgenössischen Quellen nicht zu belegen. In der liebevoll ausgestalteten Schlachtenkapelle von Sempach lässt sich der Aderlass des Adels aus den österreichischen Vorlanden bis heute nachvollziehen – mit geradezu genealogischer Präzision sind die Namen der illustren Gefallenen an den Wänden verewigt.

Die Verlierer schlugen aus ihrer Niederlage allerdings nicht weniger propagandistisches Kapital als die Sieger. In ihrer Sichtweise wurde Herzog Leopold zum unschuldigen Opfer heimtückischen Verrats: auf eigenem Land, von eigenen Leuten bei der Verfolgung einer gerechten Sache getötet, so lautete die wirkungsvolle Gegendarstellung. Sie fand ihren stärksten Widerhall in Zürich, wo proeidgenössische und österreichfreundliche Gruppierungen um die Macht rangen. Bedrohlich wurde die Lage trotz des Sieges durch Besitzumschichtungen innerhalb des Hauses Habsburg, die eine vorher unbekannte Machtkonzentration in der Hand des neuen Oberhaupts, Herzog Albrechts III., zur Folge hatten. Dennoch musste ein von dessen adeligen Gefolgsleuten geführtes Heer schon bald darauf eine weitere demütigende Niederlage hinnehmen. Der Versuch, die abermals abtrünnigen Glarner erneut unter die habsburgische Herrschaft zurückzuzwingen, schlug am 9. April 1388 bei Näfels fehl, obwohl die Verteidiger den Angreifern zahlenmäßig weit unterlegen waren. Um dieselbe Zeit griff Bern weniger spektakulär, doch ebenso erfolgreich militärisch nach Westen, ins Gebiet des Bielersees und dessen Umgebung, aus.

In drei rasch aufeinander folgenden Friedensschlüssen musste Habsburg den dadurch geschaffenen Status quo akzeptieren, ohne ihn freilich als dauerhaften Rechtszustand anzuerkennen. Dennoch gestaltete sich die politische Lage in den Jahren nach Sempach zunehmend instabil. Das Machtgefüge der Region war durch die österreichische Niederlage gestört, eine neue Ordnung noch nicht erkennbar. Zürich stand Anfang der 1390er Jahre sogar am Rande eines Bürgerkrieges. Im Frühsommer 1393 durfte sich die proösterreichische Richtung am Ziel glauben, ein Bündnis mit Habsburg lag unterschriftsreif bereit. Dann jedoch führte ein Umschwung in letzter Minute zur Annullierung des Pakts und zur umgekehrten Orientierung. Am 10. Juli 1393 schlossen Zürich, Luzern, Bern, Solothurn, Stadt und Amt Zug, Uri, Schwyz, Unterwalden und Glarus – alle gemeinsam als «unser eitgenoschaft» firmierend – einen Vertrag, der als Sempacherbrief in die Geschichte einging, sieben Jahre nach der Schlacht, doch aus gutem Grund nach ihr benannt. Denn der Pakt bereinigte nicht nur politische Differenzen wie im Falle Zürichs, sondern beglaubigte auch ein von jetzt an verbindliches Geschichtsbild. In seinem Text einigten sich die Verbündeten darauf, den Krieg von 1386 als exemplarisch gerecht zu betrachten. Das war keine rechthaberische Wortklauberei, sondern die Legitimation von Denken und Handeln – und als solche für die Mentalitäten der Zeit von kaum zu überschätzender Bedeutung. Im Einzelnen knüpfte der Sempacherbrief mit seinen Bestimmungen für sicheren Handel und Wandel sowie mit seinen militärischen Regelungen an den Pfaffenbrief an. Leitendes Ziel waren weiterhin Ordnung und Disziplinierung, vor allem im militärischen Bereich. Krieg wurde von seiten der Obrigkeiten als die Auseinandersetzung zwischen souveränen Herrschaftsträgern verstanden, seine Erklärung und Durchführung in diesem Sinne reglementiert und monopolisiert. Doch das blieb weiterhin graue Theorie.

In Zürich hatte die im Vertragsabschluss zum Ausdruck gebrachte Neuorientierung eine – unblutig vollzogene – Säuberung der politischen Klasse und insgesamt eine Ausweitung der Teilhabe an der städtischen Politik zur Folge. Annähernd die Hälfte der Entscheidungsträger verschwand auf Dauer aus den Amtslisten, führende Zunftvertreter rückten nach, die Befugnisse des Großen Rats (der sogenannten Zweihundert) wurden gestärkt. Und die siegreichen Glarner sahen ihren

Platz innerhalb der Eidgenossenschaft aufgewertet. Ungeachtet aller Erfolge aber blieben die Verhältnisse zum übermächtigen Nachbarn ungeklärt. Einen dauerhaften Ausgleich vermochte auch der 1394 zwischen den neun Orten (inklusive Solothurns) und Österreich geschlossene Zwanzigjährige Frieden nicht herbeizuführen; er bedeutete wie bisher eine Anerkennung vollendeter Tatsachen bis auf Widerruf. Durch die in das Abkommen aufgenommenen Schiedsgerichtsklauseln in Streitfällen, welche die Städte Zürich, Bern und Solothurn heraushoben, trug allerdings auch dieser Pakt mit dem «Erbfeind» zur allmählichen inneren Entwicklung der Eidgenossenschaft bei.

In der Folgezeit versuchte vor allem Zürich, weitere Auseinandersetzungen mit dem Hause Habsburg zu verhindern oder zumindest einzudämmen. Das galt vor allem für die sogenannte Appenzeller Landbewegung, welche die Machtverhältnisse in der heutigen Ostschweiz auf lange Zeit destabilisierte. Sie richtete sich gegen die Herrschaft des Abtes von St. Gallen, der sich als Reichsfürst eng an Habsburg anlehnte; die Appenzeller hingegen waren seit 1403 mit Schwyz verbündet. Militärisch setzten sich 1403 und 1405 bei Vögelinsegg und beim Stoß wiederum die robusten Fußtruppen der Aufständischen durch – zwei weitere Perlen in der eidgenössischen Mythenkette. Beim Ausgreifen in Richtung Bregenz wurden ihre Aufgebote allerdings 1408 von Truppen Österreichs und der schwäbischen Ritterschaft besiegt. Ein Schiedsspruch König Ruprechts von der Pfalz bestätigte daraufhin die Herrschaftsrechte des Abtes. In dieser Situation suchten und fanden die Appenzeller die Rückendeckung von Zürich, Luzern, Uri, Schwyz, Unterwalden, Zug und Glarus; allerdings fiel der im November 1411 geschlossene Pakt ungleich aus, ja er trug die Züge einer regelrechten Domestizierung. Waffenhilfe hatten die sieben Orte nur nach eigenem Gutdünken, die Appenzeller aber ohne Einschränkungen zu leisten. Und vor allem durften sie ohne die Zustimmung ihrer Schutzmächte keinen Krieg mehr anfangen. Ungeachtet dieser Protektion blieben die Appenzeller formell Untertanen des Abts, wenngleich mit weitreichenden Sonderrechten.

Allerdings gelang die Entschärfung des Unruhepotentials nicht auf Dauer. Der angenommenen Rolle als Friedensstifter gemäß haben die Eidgenossen in späteren Konflikten durchaus nicht einseitig agiert, sondern, wenn die politische Opportunität dafür sprach, die Rechte des Abtes gegen seine ungebärdigen Gefolgsleute gestärkt. Ende 1412 ging auch die Stadt St. Gallen – seit der Mitte des 14. Jahrhunderts de facto eine weitgehend unabhängige, allerdings vom Herrschaftsgebiet des Abtes eingeschlossene Republik – ein Schutzbündnis mit den sieben Orten ein, das dem mit Appenzell in vielem gleichkam. Im selben Jahr schlossen diese unter Beitritt Solothurns und Appenzells einen Fünfzigjährigen Frieden mit Österreich, der wiederum den territorialen Status quo und damit die Zugewinne der Eidgenossenschaft in der jüngsten Vergangenheit bestätigte. In diesen Pakt wurden sechzehn habsburgische Städte im Aargau, Thurgau und am Rhein mit einbezogen.

Drei Jahre später boten plötzliche Wechselfälle der europäischen Geschichte den Eidgenossen unerwartete Chancen, die Machtverhältnisse in ihrer Nachbarschaft grundlegend umzugestalten. Auslösendes Moment war erneut der Gegensatz eines nichthabsburgischen Reichsoberhaupts zum Haus Österreich. Zusätzlich verschärfte sich dieser Konflikt durch die seit 1378 andauernde Spaltung der Kirche. Die Rivalität von zwei, ab 1409 dann sogar drei Päpsten und ihren Gefolgschaften hatte wie überall in Europa auch in der Eidgenossenschaft vielfältige (kirchen)rechtliche Unsicherheiten zur Folge gehabt. Um die unhaltbare Situation zu beheben, hatte der 1410/11 gewählte König Sigismund von Luxemburg ein Reformkonzil nach Konstanz einberufen, das kurzerhand alle konkurrierenden Päpste absetzte. Als der politisch unerfahrene Habsburger Herzog Friedrich IV., Herr über die Vorderen Lande und Tirol, dennoch Johannes XXIII., einen der Entthronten, weiterhin

Eintracht zwischen Reichsstadt und Reichsoberhaupt:
Am 3. Juli 1414 zieht König Sigismund mit seinem Gefolge feierlich in Bern ein, wo ihm alle Ehren erwiesen werden. Beide Seiten sind zu diesem Zeitpunkt durch ihre Feindschaft zu Herzog Friedrich IV. ein Herz und eine Seele.

unterstützte, bezahlte er diesen taktischen Fehler 1415 mit der Verhängung der Reichsacht und dem Verlust seiner sämtlichen Territorien zugunsten des Reichs. Von diesen waren nicht wenige als sogenannte Pfandschaften an zahlungskräftige Familien vergeben worden – eine Art Unterverpachtung von Herrschaftsrechten, die Habsburg in der Nachbarschaft der Eidgenossen eine verlässliche Klientel geschaffen hatte. Sigismund forderte reichstreue Kräfte, unter ihnen die eidgenössischen Orte, auf, diese enteigneten Länder im Namen des Reiches zu erobern; zuvor hatte er diese samt und sonders «zum Reich genommen», d. h. zu reichsunmittelbaren, nur dem Kaiser unterstellten Gebieten erklärt.

So verführerisch dieses Angebot auch war, seiner Annahme standen schwere Bedenken entgegen. Um diese zumindest partiell zu entkräften, ließen sich die Orte vom Reichsoberhaupt versichern, dass Reichsrecht partikulare Abkommen wie den Fünfzigjährigen Frieden hinfällig machte. Was aber würde sein, wenn Luxemburger und Habsburger ihre Fehde eines Tages begruben? Doch die Verlockungen waren stärker als alle – berechtigten – Befürchtungen. So wurden die kurz zuvor noch in den Frieden aufgenommenen Gebiete des Aargaus – Zofingen, Aarau, Lenzburg, Brugg – unter bernischer Führung rasch erobert. Zürich gewann, ebenfalls fast kampflos, Dietikon, das alte Freiamt und Bremgarten, wo sich das städtische Aufgebot mit den Kontingenten von Schwyz, Zug, Unterwalden und Glarus vereinigte. Kurz darauf kapitulierte auch die Burg von Baden. Schon im Mai 1415 war die Inbesitznahme des eben noch habsburgischen Reichsguts abgeschlossen; den neuen Herren fiel das Archiv ihrer Vorgänger und deren Grablege im Kloster Königsfelden in die Hände, zwei für das Haus Österreich besonders demütigende Verluste. Schwieriger wurde es, die Beute einvernehmlich aufzuteilen und dafür dauerhafte Rechtstitel zu kreieren. Zwei Monate später erwarb Zürich die Pfandschaft für die Grafschaft Baden samt Bremgarten, Mellingen und Sursee, Bern folgte am 1. Mai 1418 mit der Pfandschaft für den Aargau von Zofingen bis Brugg. Doch das war nicht überall das letzte Wort. Der Konkurrenzdruck der übrigen Orte, die ihren Anteil an der Beute einforderten, führte zu einem politisch produktiven Kompromiss. Er lautete, zukunftsträchtig in vieler Hinsicht: Gemeine Herrschaften.

Solch ein Kondominium bildeten jetzt die Grafschaft Baden, in deren Verwaltung sich die acht Orte abwechselten, sowie das Freiamt, welches denselben Orten ohne Bern und zunächst auch ohne Uri gehörte. Durch die gemeinsame Administration der aargauischen Gebiete war von jetzt an, über

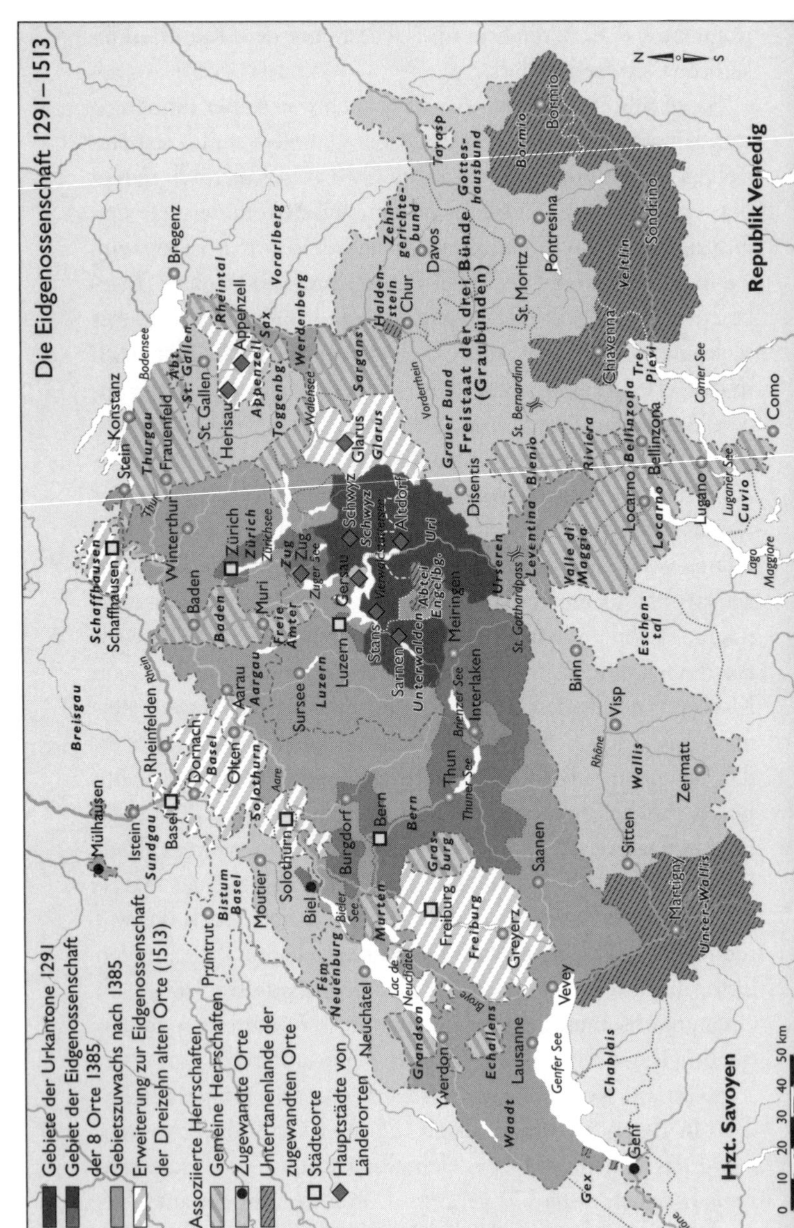
Die Eidgenossenschaft 1291–1513
Gebiete der Urkantone 1291
Gebiet der Eidgenossenschaft der 8 Orte 1385
Gebietszuwachs nach 1385
Erweiterung zur Eidgenossenschaft der Dreizehn alten Orte (1513)
Assoziierte Herrschaften
Gemeine Herrschaften
Zugewandte Orte
Untertanenlande der zugewandten Orte
Städteorte
Hauptstädte von Länderorten
Hzt. Savoyen
Republik Venedig
Freistaat der drei Bünde (Graubünden)
Grauer Bund
Gotteshausbund
Zehngerichtebund
Breisgau
Sundgau
Vorarlberg
Mülhausen
Istein
Basel
Rheinfelden
Schaffhausen
Stein
Konstanz
Bodensee
Bregenz
Thurgau
Frauenfeld
Winterthur
Zürich
Zürichsee
Baden
Muri
Freie Ämter
Aargau
Aarau
Dornach
Olten
Solothurn
Bistum Basel
Pruntrut
Moutier
Biel
Bieler See
Fsm. Neuenburg
Neuchâtel
Lac de Neuchâtel
Grandson
Yverdon
Echallens
Waadt
Lausanne
Genfer See
Vevey
Genf
Gex
Chablais
Murten
Freiburg
Greyerz
Grasburg
Burgdorf
Bern
Thun
Thuner See
Brienzer See
Interlaken
Meiringen
Saanen
Sursee
Luzern
Gersau
Zug
Zuger See
Vierwaldstättersee
Schwyz
Uri
Altdorf
Stans
Sarnen
Unterwalden
Abtei Engelbg.
Urseren
St. Gotthardpass
Glarus
Walensee
Sargans
Toggenbg.
Werdenberg
Sax
Rheintal
Appenzell
Herisau
St. Gallen
Abt. St. Gallen
Haldenstein
Chur
Davos
Tarasp
Vorderrhein
Disentis
St. Bernardino
St. Moritz
Pontresina
Bormio
Veltlin
Sondrino
Chiavenna
Tre Pievi
Comer See
Como
Bellinzona
Riviera
Bienio
Leventina
Valle di Maggia
Locarno
Lugano
Luganer See
Cuvio
Lago Maggiore
Eschental
Binn
Visp
Wallis
Zermatt
Sitten
Rhône
Martigny
Unter-Wallis
0 10 20 30 40 50 km

alle Hindernisse und Entzweiungen hinweg, ein bestimmtes Maß an Kooperation unabdingbar, so reduziert diese Kommunikation auch in angespannten Zeiten ausfallen mochte. Doch so einträchtig wie unter diesem Zwang der Umstände handelte der Bund keineswegs immer und überall. Das zeigte sich schon früh an der «enntebirgischen», d. h. die Gebiete südlich des Gotthards betreffenden, Expansion. An einer Kontrolle dieser Regionen waren vor allem Uri und Obwalden interessiert. Auch hier folgte der Verlauf der Eroberungen bzw. der Fronten den Gezeiten der großen Politik. Als der Mailänder Herzog Gian Galeazzo Visconti, der weite Teile Ober- und Mittelitaliens unter seine Herrschaft gebracht hatte, im September 1402 unerwartet starb, nutzten die beiden Orte die plötzlich eintretende innere Schwäche der angrenzenden Großmacht aus. Ein 1403 mit der Leventina, der Talschaft südlich des Gotthardpasses, abgeschlossenes Landrecht drückte deren Bewohner de facto zu Untertanen Uris und Obwaldens herab. Als das Herzogtum Mailand nach überwundener Krise allmählich wieder erstarkte, ließen sich diese Gebiete jedoch ebenso wie das 1419 erworbene Bellinzona nicht länger behaupten. Nach der schweren Niederlage bei Arbedo im Jahre 1422, die innerhalb der Eidgenossenschaft aufgrund des nur sehr partiellen Zuzugs der Verbündeten für böses Blut sorgte, wurden die Grenzen nach Norden zurückverschoben. Aufgeschoben, doch nicht aufgehoben, so lautete dessen ungeachtet die Devise der nördlichen Passorte.

Auch der Zugewinn im Nordwesten brachte Belastungen mit sich. Nahezu auf Gedeih und Verderb waren die neuen Herren im Aargau jetzt an den römischen König Sigismund gekettet. Jahrelang reisten ihre Delegationen dem Reichsoberhaupt, das zugleich König von Ungarn war, nach, stets bestrebt, weitere Zugeständnisse zu erreichen und vor allem eine Annäherung an Habsburg zu verhindern. Doch schon der anfangs so unberatene Herzog Friedrich IV. vermochte in der Folgezeit die meisten Scharten wieder auszuwetzen. Vollends bedrohlich

Ein Moment eidgenössischer Feindschaft:
Im August 1444 frohlocken die Zürcher mit Trompetenschall über die Niederlage der Eidgenossen bei Sankt Jakob an der Birs, die den Abbruch der Belagerung durch deren Heer zur Folge hat.

wurde die Lage der Eidgenossenschaft, als sein Nachfolger 1440 als Friedrich III. zum römischen König gewählt wurde, wodurch die geballte Hausmacht der Dynastie mit der Autorität der höchsten Reichswürde zusammenfiel.

Vor diesem Hintergrund sind die seit 1439 ausgetragenen Auseinandersetzungen zu sehen, die als Alter Zürichkrieg in die eidgenössischen Annalen eingingen. Zankapfel war zunächst die Erbfolgeregelung des letzten Grafen von Toggenburg im Jahre 1436, des nach Habsburg mächtigsten Feudalherren in der direkten Nachbarschaft der Eidgenossenschaft. Dabei erwiesen sich die Zielvorstellungen von Zürich und Schwyz, beide um Abrundung ihres Territoriums bemüht, als unvereinbar. Als Folge dieses Zwists lehnte sich die Stadt an der Limmat immer enger an das Haus Österreich an; ein entsprechendes Bündnis 1442 war die logische Konsequenz. Diese Diplomatie aber wurde nicht nur von Schwyz, sondern auch von der Mehrheit der übrigen Orte als «antieidgenössisch», d. h. als Bruch der eingegangenen Verpflichtungen und Auflösung der gewachsenen Bindungen, angesehen. Nach intensiven Debatten, in denen unvereinbare Rechtsstandpunkte aufeinander stießen, sprachen die Waffen. Während im Sommer 1444 die meisten eidgenössischen Verbände gegen Zürich kämpften, drangen plötzlich Söldnertruppen in französischen bzw. österreichischen Diensten von Westen her ein. Ein weit unterlegenes eidgenössisches Aufgebot wurde am 26. August bei St. Jakob an der Birs zwar vollständig aufgerieben, doch fand auch diese Schlacht als Exempel heroischen, den Feind abschreckenden Opfermuts Eingang in den Mythenschatz. Im Gegensatz dazu zog sich der Krieg innerhalb der Eidgenossenschaft in die Länge. Am Ende unterlag Zürich und hatte im Friedensschluss von 1450 den unbestrittenen Vorrang seiner eidgenössischen Ausrichtung anzuerkennen. In den Augen der unterlegenen österreichfreundlichen Partei war die Stadt, ihren Interessen entgegen, gewaltsam in einen Horizonte verengenden Bund hineingezwungen, für die Gegenseite hingegen endlich zum eidgenössischen Patriotismus bekehrt worden. Für die Außenwelt aber nahm die «Schweiz» jetzt präzisere Konturen an: als ein eigenständiges Gebilde, das seinen Sonderstatus innerhalb des Reichsverbandes stetig ausbaute und sich dementsprechend mit kollektiven Eigenschaften ausstatten ließ.

4.

Institutionen und Verfassungen

Schon vor dem Gewinn der Gemeinen Herrschaften hatten die Schiedsgerichtsverfahren eine zwischenörtliche Kommunikation sowie ein Minimum gemeinsamer Beschlussfassung erforderlich gemacht. Solche Zusammenkünfte, Tagsatzungen genannt, fanden in der zweiten Hälfte des 14. Jahrhunderts durchschnittlich einmal pro Jahr statt. Dabei entsandten die am Treffen interessierten Orte meistens zwei Vertreter, und zwar mit genauen Instruktionen zu den Tagesordnungspunkten. Dieses «imperative Mandat», das den Gesandten wenig Spielraum ließ, hatte zur Folge, dass bei unerwartet auftauchenden Problemen Anweisungen nachträglich eingeholt, Rückfragen also «heimgebracht» werden mussten. Die drängendste Frage zum Prozedere aber lautete: Genügte die Mehrheit der Voten, oder war Einstimmigkeit vonnöten? Unstrittig wurde schnell, dass bei der Verwaltung der Kondominien nur das Majoritätsprinzip gelten konnte. Die an der Herrschaft beteiligten Orte wären sonst Gefahr gelaufen, sich selbst zu lähmen; diese Regel kam aus demselben Grund auch bei Schiedsgerichten zur Anwendung. Doch weitere Zugeständnisse ließ der Selbstbehauptungswille der einzelnen Orte nicht zu. Bis zum Ende der Alten Eidgenossenschaft 1798 musste bei den übrigen Angelegenheiten, speziell im heiklen Punkt einer Bundesrevision, die Zustimmung aller Beteiligten erreicht werden – nicht selten ein aussichtsloses Unterfangen.

Ansonsten aber herrschte auf der Tagsatzung Gewohnheitsrecht und der Grundsatz, die laufenden Geschäfte so pragmatisch wie möglich zu behandeln. Das hatte zur Folge, dass kaum eine «Geschäftsordnungsregel» im Lauf der Zeit ohne Ausnahme blieb. Speziell hinsichtlich der «Zugewandten Orte» (wie z. B. Stadt und Stift St. Gallen), die mit im Einzelnen sehr unterschiedlichen Rechten in die Rolle eines mehr oder weniger eng assoziierten Mitglieds der Eidgenossenschaft hineinwuchsen, wurde sehr unterschiedlich verfahren. Als Faustregel schälte sich gleichwohl heraus, dass die Zugewandten bei Fragen von allgemeinem Interesse Stimmrecht besaßen. Je mehr sich die Eidgenossenschaft in der Folgezeit zu einem hierarchisch geschichteten Gebilde mit komplexen Klientelverhältnissen entwickelte, desto abgestufter gestaltete sich auch die Vertretung auf der Tagsatzung. Dabei erschienen die Zugewandten, die wie das Wallis oder die Drei Bünde (das spätere Graubünden) als im Wesentlichen gleichberechtigt und unabhängig angesehen wurden, in der Regel nur dann, wenn Fragen der Bündnisse bzw. der gemeinsamen Diplomatie auf der Tagesordnung standen. Andererseits wurden später die Deputierten neu aufgenommener regierender Orte keineswegs automatisch zur Tagsatzung geladen, sondern hatten ihre regelmäßige Präsenz erst einmal durchzusetzen. Hierarchien spiegelten sich auch darin, dass die Gesandten der drei Städte Zürich, Bern und Luzern während der Beratungen das erste Wort vor den Vertretern der «Urkantone» hatten. Dabei fungierte Luzern als eidgenössischer «Vorort», eine Vorrangstellung, welche die katholisch gebliebene Stadt am Vierwaldstättersee nach der Reformation mit Zürich zu teilen hatte.

Auch die Aufgaben der Tagsatzung entwickelten sich nach Bedarf. Routine- und Hauptgeschäft zugleich war – seit 1421 in Baden – die Prüfung bzw. Abnahme der Jahresrechnung, welche die Vögte der Gemeinen Herrschaften vorlegten, sowie deren Wahl im meist zweijährigen Turnus. Über die feierliche Erneuerung der Bundesschwüre und Schiedssprüche hinaus wurde der Gesandtenkongress der Tagsatzung nach und nach für eine Vielzahl von Geschäften zuständig: für Schuld- und Pfändungsverfahren, handelsrechtliche Fragen, Münzregelungen und vor allem für die gemeinsame Außen- und Militärpolitik. Als Lenkungsorgan gesamteidgenössischer Außenpolitik wurde die Tagsatzung in der zweiten Hälfte des 15. Jahrhunderts auch vom übrigen Europa wahrgenommen; parallel zur unaufhaltsam steigenden Attraktivität schweizerischer Söldner bzw. Allianzen wurde sie zum Betätigungsort auswärtiger Gesandter. Doch auch bei diplomatischen Haupt- und Staatsaktionen galt der unverbrüchliche Grundsatz: Der Konvent konnte zwar Beschlüsse fassen, deren Durchsetzung vor Ort jedoch nicht erzwingen. Hier blieb der politische Wille der jeweiligen Obrigkeiten ausschlaggebend.

Wie weit dessen ungeachtet die Verdichtung des Bundesgeflechts gediehen war, zeigt die Frequenz der Tagsatzungen an. Für 1420, 1481 und 1520 lassen sich 15, 25 bzw. 37 Zusammenkünfte bilanzieren; dabei schlagen allein für 1481 insgesamt 147 Traktanden zu Buche, eine Zahl, die 1499 sogar noch um das Vierfache übertroffen wurde. Mindestens ebenso wichtig wie die Beschlussfassung war das «Rahmenprogramm». In dieser Hinsicht war der Treffpunkt Baden – nomen est omen – gut gewählt. In der gelösten Atmosphäre des gemeinsamen Schwitzens und Trinkens wurde für manche Probleme ein Kompromiss gefunden, der in der offiziellen Sitzung weitaus schwieriger zu erreichen gewesen wäre. Da die Gesandten der einzelnen Orte in der Regel zum innersten Zirkel der örtlichen Führungsschicht zählten, konferierte, debattierte und kommunizierte auf den Tagsatzungen eine gesamteidgenössische Elite. Solange diese zusammenkam, Gedanken austauschte und informelle Geselligkeit pflegte, ließen sich Feindbilder widerlegen und Konflikte einvernehmlich lösen – ungeachtet aller Unterschiedlichkeit der inneren Konfessions-, Macht- und Verfassungsverhältnisse.

Diese gewannen vor allem in den Städten immer deutlichere Umrisse. So in Bern: Hier spielten die Zünfte, die in so vielen Städten der Zeit für ihre führenden Mitglieder politische Mitwirkungsrechte erkämpften, vor allem eine sozioökonomische

Rolle. Sie regulierten Preisbildung, Wettbewerb sowie sozialen Aufstieg innerhalb der Handwerke und setzten durch, dass die Vergabe des Bürgerrechts an den Eintritt in eine dieser Gesellschaften geknüpft wurde. Weiter aber reichte ihr direkter Einfluss kaum. Zwar war der Sitz im Rat gleichfalls an Zunftzugehörigkeit gebunden, doch war diese, unabhängig von der Ausübung einer beruflichen Tätigkeit, frei wählbar. Speziell die schmale Zunftelite der sogenannten Venner hob sich mit ihrem Lebensstil und Rollenverständnis immer weiter von den einfachen Handwerkern ab. Als Vertreter der Obrigkeit vermittelten sie die Politik der Stadtregierung an die Zünfte – und nicht umgekehrt. Im Einzelnen waren die vier Venner im Zusammenspiel mit Inhabern weiterer Führungsämter für Kerngeschäfte der kommunalen Verwaltung zuständig; ihnen oblagen Steuern, Militärwesen und die Durchsetzung der Ratsbeschlüsse allgemein, und zwar bis weit in die Administration der abhängigen Landgebiete hinein. Als Protagonisten der städtischen Politik hatten sie Sitz und Stimme im eigentlichen Leitungsgremium, dem unter dem Vorsitz des Schultheißen nahezu täglich einberufenen Kleinen Rat. Im Verhältnis zu diesem 27-köpfigen Lenkungsorgan waren die Kompetenzen des bis zu 400 Mitglieder zählenden Großen Rates im Normalfall auf symbolische bzw. repräsentative Funktionen beschränkt und zudem langfristig im Abnehmen begriffen. Ausschlaggebend dafür, dass sich Bern in Richtung oligarchisch verfestigter Machtverhältnisse entwickelte, waren die Bestimmungen für die Ratswahlen; kompliziert im Einzelnen, liefen sie im Kern auf Kooptation, das heißt Selbstergänzung, hinaus. So bildete sich zwar zu keinem Zeitpunkt eine völlig undurchlässig abgeschlossene Kaste, wohl aber eine präzise umrissene Gruppe führender Familien, die politischen Aufstieg und soziale Mobilität weitestgehend zu kontrollieren vermochten. Dabei blieb der Gegensatz zwischen der Rechtsauffassung, dass der Rat die Vertretung der Gemeinde, ja mit ihr letztlich wesensgleich und nicht ihre Obrigkeit war, und der gängigen Regierungspraxis bestehen. Einspruch gegen die Einseitigkeit dieser Herrschaftsverhältnisse wurde in der Folgezeit an diesem Widerspruch festgemacht.

In den Hauptstrom der europäischen Entwicklung eingebettet zeigt sich nicht nur die Berner Verfassungsentwicklung, sondern auch die Zusammensetzung der Führungsschicht. In ihr verschmolzen im Laufe des 15. Jahrhunderts zwei ursprünglich klar getrennte Segmente: alte Familien des anfangs auf dem Lande ansässigen, die Geschicke der Stadt von der Gründung an bestimmenden Adels auf der einen, reich gewordene und damit über ihre Zunftgenossen sowie das angestammte Metier hinausgewachsene Handwerker und Handeltreibende auf der anderen Seite. Wie überall waren diese klassischen Aufsteiger der städtischen Gesellschaft auch in Bern eifrig bestrebt, sich in Lebensstil und Sozialprestige der vornehmeren Primärelite anzugleichen. Der Prozess der Elitenverschmelzung schritt an der Aare nicht nur rasch, sondern – verglichen mit italienischen Städten anderthalb Jahrhunderte zuvor – auch konfliktarm voran. Am Ende bildete sich so eine politische Führungsschicht, die ein standesgemäßes Leben in der Politik, zum Beispiel als Vogt des städtischen Untertanengebiets, und mit Einkünften aus Grundbesitz und Gerichtsherrschaft als Ausweis ihrer exklusiven Stellung führte und adelige Ehre für sich beanspruchte. Zum älteren, aristokratischen Bestandteil dieser Berner Elite zählten Familien mit so klangvollen Namen wie die von Bubenberg, Erlach, Scharnachthal und Hallwyl, zum zweiten, jüngeren Segment die von Diesbach, Wabern und Wattenwyl. Dass die Grenzen der Abstammung – auch wenn sie im Gedächtnis noch lange lebendig blieben – überschreitbar geworden waren, lässt sich aus dem Heiratsverhalten ableiten. Ehebündnisse mit der alten Elite besiegelten im Falle der Parvenüs einen Aufstieg, an dessen Anfang Erfolg im Handwerk, danach Fernhandel und Bankgeschäfte und als glanzvoller Schlusspunkt oft der Erwerb eines Adelstitels nebst einer Gerichtsherrschaft standen; alle diese Stationen ließen sich in ein bis zwei Generationen, manchmal binnen weniger Jahrzehnte durchlaufen.

Parallel zur Neuformierung der Führungsschicht veränderte sich deren Stellung auf dem Lande. Darum ging es im sogenannten Berner Twingherrenstreit (1469–1471). Die Rechte des Adels entsprangen der Grundherrschaft und umfassten gerichtliche Befugnisse sowie darüber hinaus das Aufgebot zu Kriegszügen und das Recht zum Steuereinzug. Diese Vorrechte kollidierten mit dem Anspruch der Stadt, ein einheitliches Territorium zu regieren. Als Ergebnis schlug ein Kompromiss zu Buche. Die Stadt zog zwar die ausschlaggebenden Kompetenzen an sich, doch blieben den vornehmen Familien auf dem Lande Sozialprestige und wichtige Vorrechte erhalten, vor allem die Ausübung der durch Bußgelder lukrativen, doch für staatliche Souveränität eher nebensächlichen niederen Gerichtsbarkeit. Das unaufhaltsam wachsende Berner Territorium, das um 1470 von Zofingen im Nordosten bis zum Bieler See und Laupen im Westen sowie südlich tief ins Oberland hineinreichte, wurde durch Venner, Ammänner und vor allem Landvögte regiert. Vom Kleinen Rat gewählt, repräsentierten diese die Autorität der Stadt im Alltag, verwalteten Einkünfte, sprachen Recht und wahrten deren militärische Interessen. Im europäischen Vergleich eigentümlicher als diese Administration nehmen sich die Untertanenbefragungen aus, die 1439 einsetzten und sich in unregelmäßiger Folge bis ins 16. Jahrhundert fortsetzten. Obwohl rein konsultativ, also für die städtische Obrigkeit nicht bindend, sollten sie doch bei heiklen Entscheidungen über Krieg und Frieden sowie Steuern und Versorgung ein spezifisches Klima patriarchalischen Einvernehmens schaffen und so offene Unruhen verhindern; doch konnten die Berner Räte auf diese Weise auch unpopuläre Beschlüsse entweder vermeiden oder rechtfertigen.

Bei manchen Unterschieden im Einzelnen waren die Grundprinzipien der Machtverteilung und -ausübung in den übrigen Städten der Eidgenossenschaft gleich. Das gilt auch für den

Gegenpol zum «aristokratischen» Bern, die «Zunftstadt» Zürich. Hier war (und blieb bis 1798) die Durchlässigkeit für neue Familien und damit die Chance zur Teilhabe an der obrigkeitlichen Gewalt größer, doch zeichnete sich der Trend zur Oligarchisierung dessen ungeachtet kaum weniger deutlich ab. Am Ende des 15. Jahrhunderts wies auch das Zürcher Regiment einen Großen und einen Kleinen Rat auf. Die Mitglieder des letzteren, fünfzig an der Zahl, verteilten sich im Verhältnis von sechsunddreißig zu vierzehn auf die Zünfte und die sogenannte Constaffel, die Gesellschaft der vornehmen Geschlechter. Diese hatten in den Jahrzehnten zuvor einen ähnlichen Verschmelzungsprozess wie an der Aare durchlaufen. Bezeichnende Differenzen wies hingegen das Wahlprozedere für Ämter und Räte auf. So wurden die (dem Kleinen Rat gleichfalls angehörenden) zwei Bürgermeister und weitere zwanzig Ratsherren vom Großen Rat, die übrigen durch die Versammlungen der Zünfte und der Constaffel gewählt. Auf diese Weise gewannen die «Basisorganisationen» einen nicht unbeträchtlichen Einfluss auf die Zusammensetzung des städtischen Führungsgremiums; allerdings war nicht Opposition von unten, sondern die jährliche Bestätigung der Kleinräte die Regel. Diese nahmen zugleich Einsitz im Großen Rat, und zwar zusammen mit 144 Deputierten der zwölf Zünfte und 18 Repräsentanten der Constaffel. Sie alle aber wurden nicht von den Gesellschaften insgesamt, sondern von deren Vertretern in den Räten ausgewählt und vom Großen Rat bestätigt.

Wie in Bern kam dieses konstitutionelle Konstrukt bei aller Öffnung nach «unten» den Interessen einer begrenzten politischen Klasse entgegen. Auch wenn in Krisensituationen Entscheidungen von besonderer Tragweite dem Großen Rat überantwortet wurden, um größtmöglichen Konsens innerhalb der Stadtmauern herbeizuführen, blieb im Normalfall eine relativ fest umrissene Führungsschicht politisch bestimmend. Da wie in Bern die Zunftmitgliedschaft nicht an die Ausübung des Metiers gebunden war, wurden auch in Zürich mit der Zeit

Grundrentenbezug und Amtsführung zu Merkmalen der regierenden Elite. Je mehr die Stadt, später als Bern, ihr ländliches Untertanengebiet ausweitete, desto akuter wurde auch hier das Problem der Konfliktregelung mit der Landschaft. Schließlich stand einer städtischen Einwohnerschaft von ungefähr 5000 Personen eine elfmal größere Landbevölkerung gegenüber – ein Verhältnis, das in Anbetracht bescheidener Polizeigewalt Verfahren der Ausgleichsfindung unabdingbar werden ließ. Bei aller Betonung ihrer legitimen Machtvollkommenheit suchten daher auch die Zürcher Räte in Phasen innerer Spannung wie äußerer Bedrohung, vor allem zwischen 1490 und 1555, die Stimmung auf der Landschaft zu ergründen und deren Einverständnis zu gewinnen. Ähnliche Aufgaben nahmen in ruhigeren Zeiten auch die Landvögte wahr, die ansonsten als Delegierte der ungeschmälerten städtischen Vollgewalt ihres Amtes walteten, zumindest in der Theorie. In der Regel aber drangen die Abgesandten der Metropole nicht allzu tief in den dörflichen Alltag ein. Blieben die übergeordneten Belange der Stadt – Gerichts-, Steuer- und Militärhoheit – gewahrt, wurde die administrative Routine im Zusammenspiel mit einer ländlichen Honoratiorenschicht erledigt, auf welche sich die Landvögte auch bei der Auswahl ihres Hilfspersonals stützten. Zueinander fanden städtische und dörfliche Eliten zudem durch die gemeinsame Furcht vor der besitzlosen ländlichen Unterschicht.

Schillers Schwurszene im Wilhelm Tell ist einer Innerschweizer Landsgemeinde nachempfunden. Die mit diesem (erst im 16. Jahrhundert aufkommenden) Begriff bezeichnete Versammlung der Landleute ist nicht zuletzt deshalb mythenbeladen, weil sie mit ihren Ausläufern in die politische Praxis des 21. Jahrhunderts hineinreicht: als ein Akt freier Willensbildung unter freiem Himmel und damit vor dem Auge Gottes, den himmlischen Mächten wohlgefällig. Zur «Landsgemeinde-Ideologie» gehört weiter deren Kennzeichnung als reine Urform einer weisen, von einsichtigen Amtsträgern zum Nutzen

Von wilhelm Tellen dem frommen landt=
mañ der ſinem eigen kind ein öpffel müſt ab dem houpt ſchieſſen
vnd wie es im ergieng.

Tell, der junge und der jüngste:
Der Holzschnitt des Meisters D. S. aus der Schweizerchronik
des Petermann Etterlin von 1507 zeigt den tapferen Alpenjäger beim Schuss
auf den Apfel als jugendlichen Draufgänger, von dem auch in der Folgezeit
revolutionäre Taten zu erwarten sind.

des Gemeinwohls gelenkten Demokratie, die so die Exzesse der athenischen Ursprünge, Demagogie, Krieg und innere Unruhen, zu vermeiden vermag. In diesem Sinne angestellte Versuche, eine ungebrochene Kontinuität von der frühesten Zeit an nachzuweisen sowie die Versammlung der Landleute aus dem germanischen «Thing» abzuleiten, sind erfolglos geblieben. Die Landsgemeinde der Innerschweiz bildete sich nach heutigem Kenntnisstand im Zusammenhang mit dem Elitenwechsel des 14. Jahrhunderts heraus. So gehört sie als ungewöhnliche Ausweitung von Teilhabeprivilegien nicht zu den Vorformen moderner Demokratie, sondern eher in den Kontext von Ständeversammlungen, die um dieselbe Zeit als Organe der Mitregierung, speziell der Steuerbewilligung, in fürstlichen Territorien aufkamen.

Ungeachtet solcher Einschränkungen war die Landsgemeinde als Vertretung aller männlichen Bewohner mit vollem Bürgerrecht ein konstitutionelles Unikum. Diese einzigartige Sonderstellung schwächte sich zwar im Laufe des 17. und 18. Jahrhunderts ab, als die Vergabe der Rechte an Neuankömmlinge restriktiv gehandhabt wurde, doch blieb trotz dieser zeittypischen Verengungstendenzen die prinzipielle Souveränität der Versammlung unangetastet; sie war zuständig für die Wahl des Landammanns, aber grundsätzlich auch für Gesetze und politische Entscheidungen aller Art. Dennoch schritt auch in den Landsgemeinde-Orten der Prozess der Elitenbildung, ja selbst der Oligarchisierung voran, allerdings nach eigenen Regeln. So besaßen nur wenige Familien das Vermögen und das Sozialprestige für die Führungsämter, die meisten waren dafür unabkömmlich. Aufgrund ihrer sozioökonomischen Potenz gelang es diesen Geschlechtern, klienteläre Bindungen nach dem Prinzip des wechselseitigen Gebens und Nehmens zu knüpfen.

Allerdings war die Zahl der zur Versorgung von Gefolgschaften zur Verfügung stehenden Posten klein, was die Anlage weittragender Netzwerke erschwerte. Zudem mussten sich die führenden Familien in ihrer Selbstdarstellung nach außen volkstümlich und vornehm zugleich präsentieren, was die Strategien aristokratischer Prestigeakkumulation durch Prunkaufwendung stark einschränkte. Darüber hinaus hatten sie im gebotenen Maße Rücksicht auf Stimmungen breiterer Kreise zu nehmen. Unbehagen und Unzufriedenheit nämlich konnten sich – vor allem bei Uneinigkeit in der Oberschicht selbst, welche die Aspirationen nachrückender Familien anfachte – eruptiv entladen; Verbannungen, selbst Todesurteile waren dann die Folge. Im Normalfall zwar lenkbar, war die Landsgemeinde doch nie völlig berechenbar. In der Regel aber funktionierte dieses «altdemokratisch-oligarchische» System, in dem die jährliche Versammlung wenig mehr als den Treueeid auf ihre Amtsträger zu leisten und die Wahl des neuen Oberhaupts vorzunehmen hatte, reibungslos. Dazu trug bei, dass sich trotz der Führungsstellung der alten Familien ein gerüttelt Maß an sozialer Mobilität einstellen konnte, und zwar in einer von den etablierten Eliten kontrollierten Form.

Die heterogene Zusammensetzung der Eidgenossenschaft aus Stadtrepubliken, welche die rechtliche Vereinheitlichung auf oberster Ebene und damit die Sicherung der obrigkeitlichen Basisgewalt in ihren Untertanengebieten anstrebten, und den ländlichen Orten, die von den städtischen Führungsschichten als Horte legalisierter Anarchie angesehen wurden, schuf für den Zusammenhalt des Bundesgeflechts gravierende Probleme. So durften unzufriedene Bauern im Umkreis der Städte regelmäßig auf offene oder verdeckte Unterstützung aus den Landsgemeinde-Orten zählen – zum Ärger der städtischen Honoratioren, die ihrerseits den Unwillen ihrer ländlichen Bündnispartner erregten, wenn sie neue, straffere Bundesordnungen auf die Traktandenlisten der Tagsatzungen platzierten. Dadurch sollten die in verwirrender Vielfalt zwischen den einzelnen Orten sowie mit den Zugewandten geschlossenen Bündnisse zusammengefasst und vereinheitlicht werden – eine Straffung von Kompetenzen und Instanzen, an der die ländlichen Orte nicht das geringste Interesse hatten.

5.

Europäische Verwicklungen und Großmachtpolitik (1450–1520)

In den Jahren nach 1450 waren die Außenbeziehungen der Eidgenossenschaft durch erneute Konflikte mit Habsburg und dessen Verbündeten, vor allem im Bodenseeraum, geprägt. Dieses Klima der Gewalt und Rechtsunsicherheit vermochte auch der 1461 für fünfzehn Jahre erneuerte Friede mit Österreich nicht wesentlich zu verbessern. Währenddessen nämlich stießen die eidgenössischen Orte im Zuge zielgerichteter Expansionen in Nischenzonen mit lockeren Herrschaftsverhältnissen vor, die sich als Objekte der Gebietsarrondierung anboten. Erfolgreich war diese Taktik vor allem im Gebiet des Thurgaus, dessen Landvogtei ab 1461 den sieben an der Eroberung beteiligten Orten (ohne Bern) zufiel. Erneuerte Bündnisse mit der Abtei (1451) und Stadt St. Gallen sowie Schaffhausen (beide 1454) hatten zuvor die Zugewandten enger an die eidgenössischen Schutzmächte angebunden; infolge der 1466 mit Bern und Solothurn geschlossenen Allianz wuchs die Reichsstadt Mülhausen in eine ähnliche Position hinein. Durch ihre militärischen Erfolge geriet die «Schweiz» – wie sie das übrige Europa jetzt in Analogie zu ihrem prestigeträchtigen «Gründungsort» Schwyz zunehmend titulierte – als Reservoir waffentüchtiger Söldner immer stärker ins begehrliche Blickfeld der Großmächte. Die lockendsten Angebote unterbreitete Frankreich, wo König Ludwig XI. seit 1461 die im Laufe der Zeit von der Krone unabhängig gewordenen großen Lehen wieder unter die direkte Kontrolle der Monarchie zu bringen und auf diese Weise mächtige Konkurrenten auszuschalten bestrebt war. Da die Orte am Gotthard zudem ihre Expansion in Richtung Mailänder Gebiete wiederaufnahmen, wurde die Verwicklung in die europäische Politik unvermeidlich.

Diese Involvierung nahm um 1470 im Kräftediagramm Frankreich, Burgund, Savoyen und Habsburg konkrete Züge an. Bewegendes Element hinter den häufig wechselnden Mächtekonstellationen war das Bemühen Ludwigs XI., die Großmachtstellung Burgunds unter seinem Herzog Karl dem Kühnen mit allen Mitteln zu liquidieren. Eine erste Folge der von ihm zu diesem Zweck verfolgten Strategie, die Eidgenossenschaft in die sich anbahnenden Konflikte einzubeziehen, war das 1470 mit Bern im Namen der acht Orte geschlossene Bündnis. Es schrieb im Fall eines Krieges um Burgund wechselseitige Neutralität vor und wurde 1474/75 mit weiterreichenden Bestimmungen erneuert. In der Folgezeit gelang es der Stadt an der Aare, diese Politik als Anliegen der gesamten Eidgenossenschaft zu vermitteln. Deren Risiko aber bestand darin, im diplomatischen Spiel der Großmächte unter die Räder zu geraten. Denn sowohl Ludwig XI. als auch Habsburg zielten letztlich auf eine Schwächung Burgunds und der Eidgenossen zugleich ab, möglichst ohne eigenes militärisches Engagement. Vor allem der französische Monarch arbeitete darauf hin, als lachender Dritter den Krieg zwischen diesen beiden Kontrahenten unvermeidlich werden zu lassen.

Mit der ihnen zugedachten Rolle der Bauern auf fremden Schachbrettern begnügten sich die Eidgenossen jedoch nicht; stattdessen entwickelten sie eigene Ziele und Strategien. Als Störfaktor trat der Burgunderherzog dadurch in ihr Blickfeld, dass er als Inhaber der von Österreich übertragenen Pfandherrschaft im Sundgau eine weitere Ausdehnung nach Norden blockierte. Die Unzufriedenheit dieser Region mit dem neuen Regiment führte überdies rasch zu Divergenzen mit Habsburg. In deren Folge bestätigte Herzog Sigismund 1474 in einem vielversprechend «Ewige Richtung» genannten Vertrag wie so manche seiner Vorgänger den Eidgenossen die bislang getätigten Erobe-

Hochmut kommt vor dem Fall:
In dieser Zeichnung aus der Eidgenössischen Chronik des Wernher Schodoler müssen die Berner Gesandten 1474 vor Herzog Karl dem Kühnen von Burgund auf die Knie fallen. 1476 werden ihn die Eidgenossen bei Grandson und Murten besiegen und kurz darauf bei Nancy erschlagen.

rungen. Karl der Kühne wiederum wollte seine Besitzungen im Süden (Herzogtum und Freigrafschaft Burgund) mit den nördlichen Herrschaften (Brabant, Flandern) durch die Eroberung des Herzogtums Lothringen verbinden. 1475 gewann er für diese Pläne Mailand und Savoyen, die sich beide durch die West- bzw. Südexpansion der eidgenössischen Orte bedroht fühlten. Im selben Jahr eröffnete Bern die Feindseligkeiten, und zwar zusammen mit der Stadt Freiburg i. Ue. gegen den Herzog von Savoyen. Diesem wurden zahlreiche Burgen und Gebiete in der Waadt entrissen. Ende des Jahres eingeleitete Friedensverhandlungen führten wider Erwarten nicht zum Ziel, da Karl bewusst unannehmbare Maximalforderungen stellte. Seine Politik zielte jetzt auf die vollständige Niederwerfung der Eidgenossen ab.

Militärisch schien der Herzog keine nennenswerten Risiken einzugehen; die burgundische Armee galt als eine der modernsten und leistungsfähigsten ihrer Zeit. Der Heerhaufen, der sich im Februar 1476 an die Belagerung von Grandson am Westufer des Neuenburger Sees machte, war allerdings äußerst heterogen zusammengesetzt. Um dieselbe Zeit bestürmte die Berner Kanzlei die Eidgenossen, die Stadt an der Aare nicht allein auf einen übermächtigen Gegner treffen zu lassen. Dabei arbeitete der sprunghaft, ja nicht selten irrational agierende Herzog seinen Gegnern in die Hände, als er die Besatzung von Grandson nach der Kapitulation bis auf den letzten Mann töten ließ. Nach Eintreffen eidgenössischer Verbände stießen beide Aufgebote am 2. März eher zufällig aufeinander. Auf der – mit etwa 20 000 Mann zahlenmäßig leicht überlegenen – burgundischen Seite führten gravierende Missverständnisse bei der Aufstellung der Truppen zu Desorientierung und fluchtartigem Rückzug. Der Herzog verlor zwar kaum Soldaten, dafür aber sein gesamtes Feldlager und damit einen ambulanten Hofstaat von unerhörter Pracht. Zur märchenhaft kostbaren «Burgunderbeute» gehörten Insignien der Macht wie Regierungsstuhl und Staatssiegel sowie Karls legendäre Juwelensammlung. Philippe de Commynes, der scharfsinnige Chronist des Krieges, berichtet, dass ein tumber Krieger einen großen Diamanten für ein Taschengeld verscherbelte. Doch das durch diese Erzählung suggerierte Kulturgefälle bestand schon längst nicht mehr. Die Eidgenossen kannten den Wert ihrer Beute, ja sie überschätzten ihn womöglich; ausgewählte Stücke ließen sich jedenfalls erst nach diversen Preisnachlässen verkaufen, andere blieben im Staatsbesitz (und sind bis heute in verschiedenen Museen der Schweiz zu bestaunen).

Trotz des Anfangserfolgs war Berns Lage prekär. Zum einen war der Herzog militärisch kaum geschwächt, zum anderen machten die Verbündeten weitere Unterstützung von der Gefährdung eidgenössischen Territoriums abhängig. Murten, die von Karl belagerte Stadt am gleichnamigen See, fiel aber nicht unter diese Kategorie. Erst als burgundische Truppen unklugerweise den Flussübergang nach Laupen und andere Brückenköpfe attackierten, war für die Tagsatzung der casus belli gegeben. Am

22. Juni griff ein eidgenössisches Heer von 25 000 Mann die zahlenmäßig leicht unterlegenen Burgunder bei Murten überraschend an und fügte ihnen eine schwere Niederlage zu; Tausende wurden erschlagen oder ertranken im See. Der Sieg war eine europäische Sensation, ein weiterer Schlachtenmythos war geboren. Und das Ende zeichnete sich ab. Am 5. Januar 1477 verlor Karl der Kühne gegen oberrheinische und Schweizer Truppen die Schlacht von Nancy und sein Leben. Sein Staat stand zur Disposition.

Bei diesen Verhandlungen waren die Eidgenossen weniger erfolgreich. Die Eroberungen in der Waadt fielen zum großen Teil an Savoyen zurück. Und der Löwenanteil des burgundischen Besitzes gelangte durch die Hochzeit von Karls Tochter Maria mit Maximilian von Habsburg an das Haus Österreich. Als eigentlicher Sieger aber durfte sich Ludwig XI. fühlen. Der französische König hatte sich seines Konkurrenten im Osten entledigt und verstand es mit großem Geschick, die Eidgenossen durch genau bemessene höfische Ehren und Auszeichnungen an sich zu binden. Doch gewannen die Orte nicht nur Reputation. Ihr politischer Stellenwert stieg, genauso wie der Marktwert der Schweizer Söldner.

Der Prestigegewinn Berns konnte nicht ohne Auswirkungen auf die inneren Verhältnisse der Eidgenossenschaft bleiben. Schon bald nach den Burgunderkriegen spitzten sich Strukturprobleme zu. Die Stadtorte zielten im Zuge ihrer Territorialisierungsbestrebungen immer konsequenter darauf ab, die seit mehr als hundert Jahren verbotenen, gleichwohl weiterhin mit mehr oder weniger offener Duldung der Regierenden von der Innerschweiz ausgehenden «wilden» Kriegszüge überwiegend jüngerer und entsprechend undisziplinierter Mannschaften zu unterbinden. Solche Expeditionen schufen nicht nur diplomatische Verwicklungen; sie stellten, gravierender noch, die Autorität der städtischen Obrigkeiten in Frage, so im Falle des berühmten «Saubannerzuges» gegen Genf 1477. Überhaupt forderten die Städte, auf eine effizientere Anbindung ihrer Un-

Im Zeichen der Keule und des wilden Ebers:
1477 sammeln sich die «Gesellen vom törichten Leben» zum Saubannerzug, mit dem sie der Stadt Genf das vereinbarte Lösegeld abpressen wollen. Für die Obrigkeiten waren diese spontanen Auszüge eine offene Herausforderung, gegen die es Vorkehrungen zu treffen galt.

Visionär Gottes und der Eidgenossenschaft:
Die um 1500 geschaffene Holzplastik im Rathaus von Stans zeigt den Einsiedler Niklaus von Flüe als Retter des Bundes.

tertanengebiete bedacht, ein Mehr an verbindlichen Vereinbarungen zwischen den Orten; in weiterreichenden Plänen gewannen geradezu bundesstaatliche Ordnungskonzepte Konturen. Einen solchen Ausbau der Föderation aber lehnten die Inneren Orte weiterhin strikt ab. Aus Angst, politisch ins Hintertreffen zu geraten, standen sie auch der Aufnahme der Städte Solothurn und Freiburg i. Ue. in die Eidgenossenschaft ablehnend gegenüber. Nach langen und kontroversen Verhandlungen wurde im Dezember 1481 auf der Tagsatzung von Stans mit dem gleichnamigen «Verkommnis» (d. h. Abkommen) eine Basisübereinkunft erreicht, die den Zustand des Bundes in vieler Hinsicht bis 1798 bestimmte. Dazu trugen die Vermittlungsbemühungen des im Rufe der Heiligkeit stehenden Eremiten Nik(o)laus von Flüe, Bruder Klaus genannt, das Ihre bei. Dass der Einsiedler, der vor seinem Rückzug in die Klause zur politischen Elite Obwaldens gezählt hatte, das heillos zerstrittene Gefüge der Eidgenossenschaft durch seine Intervention vor dem endgültigen Auseinanderbrechen bewahrt habe, ist allerdings mythische Überhöhung.

Der Kompromiss von Stans legte die Nichteinmischung in innerörtliche Angelegenheiten, die Unterbindung unautorisierter Kriegszüge und damit eine Stärkung der Partikulargewalten fest. Insoweit den ländlichen Orten entgegenkommend, verpflichtete er auf der anderen Seite zu wechselseitiger Unterstützung bei inneren Unruhen und machte den Weg zur Aufnahme Solothurns und Freiburgs frei. Innerhalb der jetzt zehnörtigen Eidgenossenschaft erhielten die «Neuen» – ähnlich wie Basel und Schaffhausen 1501 sowie Appenzell 1513, welche die bis 1798 unveränderte Dreizehner-Föderation komplett machten – den Status regierender Stände minderen Rechts. Nicht nur, dass ihnen die Teilhabe an der Verwaltung der Gemeinen Herrschaften verweigert wurde; sie durften darüber hinaus ohne mehrheitliche Zustimmung der anderen Orte auch keine Bündnisse schließen und waren verpflichtet, bei Konflikten zwischen diesen zu vermitteln.

Dieselbe Frage, wieviel übergeordnete Staatlichkeit dem Bundesgeflecht zuträglich sein konnte, führte zu Ab- und Ausgrenzungen im Norden. Dass die Eidgenossenschaft Teil des Heiligen Römischen Reiches deutscher Nation war und dies auch künftig sein sollte, wurde in diesen Debatten nicht angezweifelt. Als Legitimationsrahmen blieben Reich und Kaiser unverzichtbar, und zwar in einem durch und durch konservativen Verständnis. Weiterreichende Eingriffe des Reichsoberhaupts oder gar von Reichsinstitutionen hingegen waren nicht vorgesehen – und mussten daher, als sie im Zuge der sogenannten Reichsreformen der 1490er Jahre akut wurden, auf Widerstand treffen. Die in den Reformen zum Ausdruck gebrachten Bestrebungen, die Verklammerung der vielen weitgehend souveränen Reichsglieder durch Einrichtungen wie das Reichskammergericht, die Einteilung in Reichskreise und den Einzug einer Reichssteuer zu stärken, liefen den Interessen der Eidgenossenschaft diametral entgegen. Was sie dabei verlor, so die Kalkulation, gewann die Gegenseite, sprich Habsburg. Im Schwaben- bzw. Schweizerkrieg, der von beiden Seiten mit beträchtlichem Propagandaaufwand geführt wurde, behielten die Eidgenossen 1499 gegen die Truppen Maximilians die Oberhand. Im Gegensatz zu den Beteuerungen der feindlichen Kriegsmanifeste ging es ihnen nicht um einen Krieg gegen das Reich; ebensowenig stand ein formeller «Austritt» zur Debatte. Auch im 16. Jahrhundert blieb noch eine partielle Repräsentation eidgenössischer Orte im Reich gewahrt, allerdings mit stetig abnehmender Tendenz; so dünnte die faktische wie rechtliche Zugehörigkeit zum Reich allmählich aus. Durch den Frieden von 1499 von den Reichsreformen ausgenommen, wurde die Eidgenossenschaft innerhalb des Reichs, ähnlich wie die Niederlande, randständig und parallel dazu ein politisches Gebilde eigener Art. Als Zugewinn brachte ihr der Schwabenkrieg die Abrundung der Herrschaft im Thurgau ein. Durch die Klärung der Machtverhältnisse am Oberrhein wurde zudem der Weg Basels in die Eidgenossenschaft frei. Die alte Konzils- und Universitätsstadt, mit ca. 10 000 Einwohnern annähernd doppelt so groß wie Zürich, brachte nicht nur ihr kulturelles und ökonomisches Gewicht, sondern auch ihre nach Norden ausgerichteten politischen Interessen und Beziehungen in den Bund ein.

Um dieselbe Zeit kam es im Kampf um Mailand zu einem europäischen Mächteringen, das auch die Schweizer Orte für Jahrzehnte in seinen Sog zog. Durch die zunehmende innere Schwäche des Herzogtums Mailand unter dem illegitim regierenden Ludovico Sforza hatten die Expansionsbewegungen der «Gotthardorte», vereint mit den Drei Bünden und dem Wallis, neuen Auftrieb erhalten. Wie schon ein knappes Jahrhundert zuvor musste die unterschiedliche Haltung zu diesen Unternehmungen den inneren Zusammenhalt der Eidgenossenschaft auf eine gefährliche Probe stellen. Dazu trug bei, dass Schweizer Söldner in den jetzt anhebenden italienischen Kriegen auf allen Seiten kämpften. Sie waren an vorderster Front daran beteiligt, für König Karl VIII. von Frankreich 1494/95 das Königreich Neapel zu erobern und kurz darauf wieder zu verlieren. Fünf Jahre später geriet Ludovico Sforza durch den Verrat eines Schweizer Kriegsknechts in die Gefangenschaft Ludwigs XII. Aus dem 1506 durch Vermittlung Matthäus Schiners, des umtriebigen Bischofs von Sitten, geschlossenen Vertrag mit Papst Julius II. entwickelte sich die bis heute bestehende Schweizer Garde. Auf der Seite Julius II. traten eidgenössische Verbände denn auch in die heiße Phase des Kampfes um die Lombardei ein, aus der sie 1512 die Franzosen vertrieben. Und am 6. Juni 1513 fügten die in geschlossener Phalanx kämpfenden Schweizer Fußtruppen der französischen Armee nochmals eine Niederlage zu.

Aus diesen Erfolgen erwuchs, improvisiert und oft unkoordiniert, eine Großmachtpolitik in eigener Sache. Drei Jahre lang, von 1512 bis 1515, waren die eidgenössischen Orte de facto die Herren der Weltstadt Mailand, Herzog Massimiliano Sforza regierte als tributpflichtiger Schattenherrscher von ihren Gnaden. So unangefochten erschien die Stellung der Schweizer in Italien, dass der Staatstheoretiker Niccolò Machiavelli aus Florenz ihnen die schrittweise Eroberung des ganzen Landes zutraute; immerhin – so sein eigentümliches Argument – hätten sie ja schon den Papst von sich abhängig gemacht. Zu diesem Siegeszug aber kam es nicht. Im September 1515 musste sich die eidgenössische Infanterie nach der blutigen Schlacht von Marignano zurückziehen, von den Kanonen und der Kavallerie des jungen französischen Königs Franz' I. dezimiert. Viele der Gefallenen waren sechzehn Jahre alt oder noch jünger; der Söldnerberuf machte früh erwachsen – und brachte einen frühen Tod. Der Blutzoll von Marignano bildete von jetzt an die Kehrseite der ruhmreichen Schlachtenmedaille; er sollte die Debatte über Nutzen oder Nachteil des Reislaufens, d. h. der fremden Solddienste, wesentlich bestimmen. Dessen ungeachtet war der Respekt des Siegers vor den

Furor teutonicus, furor helveticus:
In Hans Holbeins Federzeichnung kämpfen süddeutsche Landsknechte und eidgenössische Reisläufer verbissen um Sieg, Ehre und Marktwert.

Besiegten so groß, dass Ende 1516 ein für die Eidgenossenschaft akzeptabler Friede zustande kam; er sicherte den an der Eroberung beteiligten Orten Gemeine Herrschaften, die knapp dreihundert Jahre später den neuen Kanton Tessin bildeten. Zugleich war damit das Ende waghalsiger Expansionen auf eigene territoriale Rechnung markiert. Bis zum Ende Alteuropas sollten Schweizer an vielen Fronten und in mancherlei Diensten, doch nicht mehr im Namen des Bundes kämpfen, der sich als solcher einer Politik der Neutralität zuwandte.

Das ruhmvolle Scheitern bei Marignano spiegelte den Zustand der Eidgenossenschaft vielfältig wider. Zum einen erwies sich – entgegen Machiavellis Thesen – der Zusammenhalt der Orte im Kampf um Mailand als zu schwach und das Einzelinteresse stattdessen als übermächtig. Und seinen Thesen von einer sozial und kulturell homogenen Schweiz zuwider schienen auch mentale Bruchlinien auf. Letztendlich nämlich kam die fatale Schlacht gegen den Willen der Führung zustande, die Mannschaften selbst erzwangen den Kampf. Ihrem Ehrverständnis widersprach ein ruhmloser Rückzug, auch wenn er taktisch angeraten war. Als gleichermaßen verpönt galten ihnen die neuen Techniken des Geschützwesens; gefangene Artilleristen durften bezeichnenderweise nicht mit Pardon rechnen. Rücksichtslos geahndet aber wurde vor allem Feigheit in den eigenen Reihen. Alle diese Maßnahmen dienten dem Zusammenhalt und der Aufrechterhaltung des korporativen Renommees nach außen. Kriegstechnisch aber geriet die eidgenössische Infanterie allmählich in Rückstand. Ohne leistungsfähige Artillerie und Kavallerie konnte sie sich nicht mehr behaupten; in Verbindung mit diesen Waffengattungen aber blieben Schweizer Fußsoldaten, ungeachtet aller weiteren Innovationen, bis zur Französischen Revolution Elitetruppen in vieler Herren Länder. Ihren rigorosen Ehrbegriff machten sich europäische Souveräne und Aristokraten auch im Bereich «Personenschutz» zunutze: Schweizer Leibgarden oder Leibwächter galten durch Jahrhunderte als die beste Lebensversicherung.

Um 1500 war die Schweiz, die jüngste unter den einflussreichen Mächten, in aller Munde. Anstoß zur Debatte über ihr Wesen war vorrangig ihre Wehrhaftigkeit, die mit einer Urtümlichkeit der Lebensverhältnisse insgesamt in Verbindung gebracht wurde. Diese archaische Abseitigkeit aber wurde höchst unterschiedlich bewertet. Im Manifest des römischen Königs Maximilian gegen die Schweizer von 1499 wurden sie als blindwütige Zerstörer der gottgewollten Ordnung gebrandmarkt. Antrieb ihrer Rebellion gegen alle Hierarchien sei der Hochmut, mehr sein zu wollen, als ihnen von Gott und der Natur beschieden war; wie Luzifer und deren Nachfolger im Geiste, die Ketzer, führe sie diese Selbstüberhebung geradewegs in den Abgrund. Ähnliche Saiten schlugen humanistische Autoren an, die sich zu Lobrednern des Reiches und der deutschen Nation berufen fühlten, welcher das Imperium aufgrund ihrer Verdienste übertragen worden sei. So stempelte der Elsässer Jakob Wimpfeling die Eidgenossen 1505 als rohe, instinktgetriebene, unzivilisierte Hinterwäldler ab, die es im Sinne verwandtschaftlicher Nächstenliebe gleichwohl in den Schoß der politisch-nationalen Glaubensgemeinschaft des Reiches zurückzuführen gelte. Zu einer solchen Ab- und Einkehr waren die Schweizer laut Wimpfeling aufgrund ihrer germanischen Abstammung unter entsprechender Anleitung befähigt – die Einsicht in ihre Irrtümer und Pflichten vorausgesetzt. Am Anfang dieses nationalpädagogischen Erziehungsprozesses hatte daher für ihn die Erkenntnis zu stehen, dass Adel und fürstliche Herrschaft von Gott gewollte und zudem einer reibungslosen Sozialordnung förderliche Elemente waren. Des Weiteren müsse die Kriegswut, in der die destruktive Ungeschlachtheit der Schweizer am unheimlichsten zum Ausdruck komme, durch die veredelnde Kraft der Kultur, speziell der Studien klassischer Texte, geläutert werden.

Das waren, bei aller Polemik, feinsinnige Diskurse. In der Konkurrenz zwischen süddeutschen Landsknechten und eidgenössischen Reisläufern ging es weniger zimperlich zur Sache. Das Schimpfwort «Kuhschweizer» unterstellte den Bergbewohnern Unzucht mit ihren Nutztieren; der ansonsten so bukolische Klang von Kuhglocken läutete regelmäßig blutige Handgreiflichkeiten zwischen süddeutschen und eidgenössischen Söldnern ein. Die schändliche Sodomie wiederum war Zeichen bestialischer Roheit in einer Bergwelt ohne Vernunft und Triebkontrolle. Diese negative Klischeebildung wurde von den Angeprangerten konsequent umgekehrt. Im verherrlichenden Gemeinplatz der frommen Bauern und Hirten wurde die Eidgenossenschaft als eine ideale Ordnung präsentiert, aus welcher der Adel aufgrund seiner Selbstüberhebung und seiner Schrankenlosigkeit, mit anderen Worten: wegen Nichterfüllung des ihm übertragenen Auftrags, herausgefallen war und die jetzt allein durch die Bürger der Städte und die Bauern der Landgebiete aufrechterhalten wurde. Nicht der degenerierten Geburtsaristokratie, sondern dem wahren Adel des Verdienstes und der Tugend, wie er in der Schweiz regiere, komme deshalb Ehre zu; ja diese Ehre begründe geradezu die Einheit der Schweiz. So wurde der Vorwurf, dass durch Bruch ewiger Gesetze nach oben gekehrt worden sei, was nach unten gehöre, ins Gegenteil gewendet. In diesem Ideenrahmen konnten die Tell- und Rütli-Geschichten, durch Drucke mit hohen Auflagen weit verbreitet, ihre volle Wirkung entfalten. Dass dieses – zugleich verinnerlichte und propagandistisch instrumentalisierte – Bild frommer, solidarischer Landleute und die soziopolitische Realität angesichts fortschreitender Oligarchisierungsprozesse in Stadt und Land auseinander klafften, minderte die Ausstrahlungskraft dieser Parolen vorerst nicht. «Schweizerisch werden»: darunter stellten sich Bauern und Tagelöhner außerhalb der Eidgenossenschaft ein abgabenfreies Schlaraffenland mit vollendeter Gemeindeautonomie vor. In den nachfolgenden Jahrzehnten sollten diejenigen von ihnen, die zeitweise oder dauerhaft unter die Herrschaft der Orte gerieten, ernüchternde Erfahrungen machen. Sie stellten nur allzu rasch fest, dass die Eidgenossen in neu gewonnenen Gebieten die Rechte ihrer Herrschaftsvorgänger nicht nur nicht verfallen ließen, sondern die geschuldeten Leistungen mindestens so rigoros wie der von ihnen angeprangerte Feudaladel einforderten.

Die von den Humanisten pejorativ verwendete Denkfigur der Zivilisationsferne ließ jedoch auch positive Rückschlüsse zu. Bei Machiavelli wird diese Abgeschiedenheit sogar zum Hauptargument für die Vorbildlichkeit der Schweizer Wehr- und Sozialordnung. Unbedingte Staatsergebenheit, todesmutiger Patriotismus, erfolgreich operierende Milizen, klientelfreie Republiken und eine der Politik zugutekommende, da Staatsverbrechen als Blasphemie brandmarkende Religiosität zeugten in seinen Augen von effizienter Abschottung gegen die verderbliche Dekadenz des individualistischen Hedonismus. Diese, in Italien weit gediehen, musste aber das Absterben des Staates zur Folge haben und so den Rückfall in den destruktiven Rohzustand des permanenten Krieges jeder gegen jeden herbeiführen. Machiavellis Loblied auf die von aller Hochkultur unangekränkelten Wehrbauern in ihrer von ragenden Bergzinnen abgeschirmten heilsamen Isolation sollte letztendlich die Aktualität altrömischer Staats- und Militärregeln für eine irregehende Gegenwart belegen. Mit seiner zivilisationskritischen Schweiz-Apologie aber stieß der Florentiner Querdenker bei seinen Landsleuten auf Ablehnung. Das repräsentative Schweizbild der humanistisch gebildeten Eliten Italiens fiel abschreckend und mahnend zugleich aus: Die von unstillbarer Kriegswut angestachelte wilde Beutegemeinschaft in den lebensfeindlichen Bergen ließ sich, unter Beachtung rigoroser Vorsichtsmaßregeln, in Kriegszeiten nutzbringend gegen Feinde einsetzen; wie das einfache Volk von seiner Obrigkeit aber mussten die Schweizer ansonsten von der zivilisierten Völkergemeinschaft am kurzen Zügel gehalten werden. Ehre konnte eine solche Nation, die ihren bewaffneten Arm verkaufte, per definitionem nicht besitzen. Die Schweizer Söldner selbst sahen das anders. Sold war für sie nicht nur Lebensunterhalt, sondern auch Ausdruck von Reputation. Wer ihn zu spät oder gar nicht auszahlte, schnitt ihnen die Ehre ab – und hatte wie Ludovico Sforza die Folgen zu tragen.

6.

Die Reformation und ihre Folgen (1520–1560)

Die von Huldrych Zwingli (1484–1531) eingeleitete Umwälzung der theologischen und kirchlichen Verhältnisse in Zürich stellte die Eidgenossenschaft auf die denkbar härteste Probe: Konnte der als Schwurgemeinschaft auf der Grundlage gemeinsamer Werte deklarierte Bund mit zwei sich wechselseitig verteufelnden Glaubenssystemen fortbestehen?

Humanistisch gebildet, zum Kreis des Erasmus von Rotterdam in Basel gehörig, schlug Zwingli die Laufbahn des Weltpriesters ein. Als Feldprediger der Glarner Zeuge des Gemetzels von Marignano, wandelte er sich zum vehementen Kritiker des Reislaufens. Die Solddienste, so Zwingli in einem Brief an die Schwyzer aus dem Jahr 1522, höhlen durch den ins Land strömenden Luxus die Schweiz von innen her aus; sie zerstören die einfachen Sitten, die Bedürfnislosigkeit und die genossenschaftliche Solidarität. Dadurch aber werde die Eidgenossenschaft ihres göttlichen Schutzes verlustig gehen, der die ununterbrochene Reihe ihrer Schlachtensiege gegen übermächtige Gegner gewährleistet habe. Allein die Rückbesinnung auf die unveräußerlichen Werte intakter Moral und brüderlichen Zusammenhalts garantiere den Fortbestand des Bundes untereinander und mit Gott. Schon bald sollte sich die Polemik zuspitzen: Alleine eine reformierte Schweiz konnte jetzt noch dem Ideal entsprechen und damit Nation sein.

1519 als Leutpriester ans Zürcher Großmünster berufen, betrat der charismatische Prediger Zwingli ein städtisches Umfeld, in dem sich eine beträchtlich vorangeschrittene Unterordnung der Kirche unter die kommunale Aufsicht mit verbreitetem Unbehagen an den ihr verbliebenen Sonderrechten, den vorherrschenden Frömmigkeitsformen und dem Lebensstil der Geistlichen vermischte. Vor diesem Hintergrund formulierte Zwingli in den folgenden Jahren eine immer schärfere Kritik an den kirchlichen Zuständen, die ab 1522/23 in deren planvolle Umgestaltung mündete. Sie vollzog sich in enger Kooperation mit dem Rat. Dabei fiel Zwingli, dem Reformator, die Rolle des Fordernden, in Krisenmomenten jedoch auch des Mahners zur Besonnenheit zu. Als solcher trat er in der Frage der Bilder hervor, die an der Limmat nicht durch spontane Aktionen der Massen profaniert, sondern unter obrigkeitlicher Regie abgeschafft werden sollten. Ähnlich trat Zwingli in der hochpolitischen Kontroverse über die Steuern und Abgaben auf. Auch nach der Neuordnung der kirchlichen Verhältnisse, so sein Votum, habe die Zürcher Landschaft den Zehnten weiter zu zahlen. Diese ursprünglich kirchlichen Aufgaben dienende, jedoch seit langem zweckentfremdete Steuer sei, aller Missbräuche ungeachtet, im positiven Recht verankert und damit Teil der etablierten Ordnung. So sei die spontane Zehntverweigerung auf dem Lande unrechtmäßig – wie andererseits die Obrigkeit der Verpflichtung unterliege, die Abgabe wieder ihrer gemeinnützigen Bestimmung zuzuführen. Obwohl die ländlichen Kernforderungen so unberücksichtigt blieben, gelang es im Bauernkriegsjahr 1525, die in unmittelbarer Nachbarschaft hohe Wellen schlagenden Konflikte auf Zürcher Territorium weitgehend gewaltlos beizulegen. Darüber hinaus leitete der Reformator aus seinem Verständnis des göttlichen, natürlichen und menschlichen Rechts die Forderung ab, dass sich Staat und Politik den göttlichen Geboten, so weit es dem Menschen gegeben sei, anzunähern hätten, und zwar in einem dauerhaften Prozess der Verchristlichung aller Lebensbereiche. Über die Reinheit des neuen Jerusalem an der Limmat zu wachen aber hatte das Haupt der Kirche, also Zwingli selbst, der diese Rolle mit dem Wächteramt biblischer Propheten, Mahner und Warner notfalls auch gegen die Mächtigen, verglich.

Dogmatisch unterschied sich die Zürcher Reformation vom Luthertum vor allem durch Zwinglis Verständnis der Eucharistie als symbolisches Erinnerungsmahl. Daran scheiterte 1529 während des Marburger Kolloquiums die Verständigung mit Luther, der den Zürcher Reformator in die Nähe der «Schwärmer», utopischer Sozialrevolutionäre wie Thomas Müntzer, rückte. Auf intensive Resonanz in den politisch führenden Kreisen Zürichs stießen jedoch nicht solche theologischen Feinheiten, sondern Botschaften wie die, dass die Reformation das Gotteswort von allen eigennützigen menschlichen Verdunkelungen gereinigt habe. Die Berufung auf die Prinzipien sola scriptura und sola fide, die alleinige Gültigkeit der Heiligen Schrift und die Rechtfertigung durch den Glauben allein, ohne den buchhalterischen Aktionismus der «guten Werke», bildete denn auch das theologische Fundament der Reformationspartei in den öffentlichen Disputationen des Jahres 1523. Diese wurden vom Zürcher Rat veranstaltet, der damit seiner Pflicht, alle Seiten anzuhören und Rat einzuholen, ostentativ Folge leistete. Hinter den Kulissen aber waren die Weichen für einen Triumph Zwinglis gestellt. Dem Beschluss des Rates folgend, der damit die Kirchenhoheit für sich reklamierte und so dem Bischof von Konstanz den Gehorsam aufkündigte, wurden die Klöster aufgehoben und die Besitztümer der Kirche in Eigentum der Kommune überführt, die dadurch für Sozialpolitik und Bildungseinrichtungen zuständig wurde. Zudem wurde 1525 eine neue Gottesdienstordnung umgesetzt und eine Reihe von Einrichtungen geschaffen, welche der Zürcher Reformation ihr unverwechselbares Profil verschafften. So war das im selben Jahr geschaffene Ehegericht fortan für – jetzt unter bestimmten Voraussetzungen mögliche – Ehescheidungen, doch ebenso für die öffentliche Kontrolle von Sexualmoral, d. h. die Unterbindung von Ehebruch und anderen «Ausschweifungen», zuständig. Demgegenüber war der sogenannten «Prophezei», der hohen Schule der alten Sprachen inklusive Hebräisch und der Bibelauslegung, die Ausbildung von Pastorennachwuchs übertragen.

Seine Reformation im Zusammenspiel mit einer christlichen Obrigkeit musste Zwingli gegen Befürworter einer umfassenderen Umgestaltung aller Lebensbereiche im Zeichen des Gotteswortes verteidigen. Deren Wortführer wollten die Gemeinde der Gläubigen als sichtbare Kirche auf Erden einrichten und entwickelten dafür einen rigorosen Verhaltenskanon, der die Erwachsenentaufe als Glaubensbekenntnis vorschrieb, Eidesleistung sowie Kriegsdienst verbot und so die enge Kooperation von Kirche und Staat in Frage stellte. In dieser Auseinandersetzung warf Zwingli seinen Gegnern, den (heute korrekter Täufer genannten) «Wiedertäufern», den Hochmut selbsternannter Heiliger und die Zerstörung aller menschlichen Bindungen vor. Schon 1527 wurde in Zürich ein erstes Todesurteil gegen einen ihrer Führer vollstreckt. In der Zürcher Landschaft sowie angrenzenden Gebieten jedoch überlebten täuferisch gesinnte Gruppierungen, welche die Opposition gegen die fiskalischen Forderungen der Metropole aufgriffen, jahrzehntelang.

Erschütterungen erzeugte die Reformation in Zürich vor allem im Gefüge der Eidgenossenschaft. Früh nämlich zeichnete sich ab, dass die fünf inneren Orte – Uri, Schwyz, Unterwalden, Luzern und Zug – die Glaubensneuerung nicht mitzutragen gesonnen waren. Im Gegenteil, auf Tagsatzungen verlangen sie von Zürich die Ausmerzung der Ketzerei. 1526 organisierten sie in Baden eine Disputation, die durch die zugelassenen Beweismittel, die Auswahl der Teilnehmer und natürlich die Haltung der Obrigkeiten nicht minder vorhersehbar als zuvor in Zürich zum erwünschten Ergebnis, das heißt zum Erfolg der altgläubigen Theologen unter der Führung des Ingolstädter Professors Johannes Eck, führte. Die Spaltung zwang beide Seiten zur Suche nach Verbündeten innerhalb wie außerhalb der Eidgenossenschaft und gefährdete dadurch deren Zusammenhalt. Gewichtigen Rückhalt innerhalb des Bundes gewann Zürich, als sich 1528/29 die Städte Bern, Basel und Schaffhausen für die Einführung der Reformation entschieden. Vor allem in Bern ging die Neuordnung der kirchlichen Verhältnisse unter der unangefochtenen Kontrolle der Obrigkeit vonstatten, die zwar die Meinung der Untertanen einholte, im Falle von Widerstand jedoch auch vor dessen Unterdrückung nicht zurückschreckte. Darüber hinaus nahm Zwingli Kontakt zu reformierten Reichsfürsten wie dem Landgrafen Philipp von Hessen und anderen auswärtigen Souveränen auf. Dahinter stand die Absicht, die altgläubige Eidgenossenschaft notfalls mit Waffengewalt zur Annahme der wahren Lehre zu bringen und damit die politische wie religiöse Einheit des Bundes zu wahren. Von nicht minder ungeteilten Wahrheitsansprüchen geprägte Positionen der Innerschweiz standen dagegen. Zur Wahrung ihrer Interessen gingen die fünf katholischen Orte im April 1529 ein Bündnis mit Österreich ein.

Wenige Wochen später entschloss sich Zürich nach starkem Druck Zwinglis zum Krieg; das Gebiet des Abts von St. Gallen, wo sich die meisten Gemeinden mit Zürcher Unterstützung der Reformation angeschlossen hatten, wurde rasch erobert. Doch eine weitere Zuspitzung des Konflikts konnte in letzter Minute vermieden werden. Der Erste Kappelerkrieg endete am 26. Juni 1529 durch den mäßigenden Einfluss Berns mit der Beschwörung alteidgenössischer Brüderlichkeit – und lebt im kollektiven Gedächtnis durch die von beiden Seiten zur Besiegelung des Friedens verzehrte Milchsuppe fort. Doch war damit wenig mehr als eine Atempause gewonnen. Die Bestimmung, dass jeder Ort in der Wahl seiner Konfession frei bleibe, enttäuschte die Zwingli-Partei. Demütigend für die Fünf Orte hingegen war die Verpflichtung, die Kriegskosten zu übernehmen, sowie die Einseitigkeit der Regelung in den Gemeinen Herrschaften. Dort durften die Gemeinden zwar nach eigenem Beschluss zur Reformation übertreten, jedoch nicht zum alten Glauben zurückkehren.

Obwohl nach dem Scheitern des Marburger Religionsgesprächs ohne Aussicht auf breitere Unterstützung der Lutheraner im Reich, verfolgte die radikale Gruppierung um den Zürcher Reformator ihr Ziel einer reformierten Eidgenossenschaft auch um den Preis eines erneuten Krieges weiter. Innerhalb Zürichs wurde dabei zunehmend der Große Rat zum Entscheidungsträger, der wiederum in steigender Zahl Sonderkommissionen einberief. Diese handverlesenen Gremien votierten für den bewaffneten Konflikt, zum Unbehagen gemäßigter Kreise. Im Laufe des Jahres 1531 ging durch diese innere Polarisierung der zuvor in der regierenden Schicht Zürichs vorherrschende Konsens verloren – und das Gesetz des Handelns zunehmend an die Fünf Orte über. Ihr schneller Vorstoß überrumpelte die Stadt an der Limmat, deren Kontingent am 11. Oktober 1531 bei Kappel unterlag; zu den mehr als fünfhundert Gefallenen zählte auch Zwingli. Der bald darauf geschlossene Friede kehrte zwar die Machtverhältnisse um, fiel jedoch insgesamt moderat aus. In Kraft blieb das Prinzip, dass jeder Ort die in seinem Gebiet gültige Konfession bestimmte. In den Gemeinen Herrschaften allerdings wurden jetzt die Altgläubigen bevorzugt; eine katholische Minorität konnte sogar eine Teilung der Gemeinde beantragen. Zudem wurden konfessionelle Sonderbündnisse der reformierten Seite annulliert und Zürich die Kriegskosten aufgebürdet. Damit waren die Besitzstände, aber auch die Fronten für lange Zeit festgeschrieben.

Differenziertere Lösungen machte die Situation in Glarus und Appenzell erforderlich. In Glarus, wo keine Seite eine Vorrangstellung zu gewinnen vermochte, entwickelte sich ein kompliziertes System, das beiden Konfessionen ihre genau bemessenen Anteile an den Ämtern und überdies eigene Behörden garantierte. Da der Prozentsatz der katholischen Bevölkerung in der Folgezeit zurückging, profitierte diese vorrangig von der (in fünf Landesverträgen zwischen 1532 und 1683) geregelten Parität. Ließ sich auf diese Weise trotz häufig aufkommender Spannungen die Landesteilung vermeiden, so wurde sie in Appenzell 1597 unumgänglich. Das katholische Appenzell Innerrhoden und das reformierte Außerrhoden hatten jedoch weiterhin gemeinsam eine Stimme auf der Tagsatzung.

Die Zerreißprobe der konfessionellen Spaltung war vorerst bestanden, zwar nicht unblutig, doch im europäischen Vergleich relativ glimpflich – und das, obwohl die ursprüngliche reformatorische Ethik mit ihrem rigorosen Verbot des Reislaufens Lebensformen breiter Schichten in Frage stellte. Für die Eliten der Innerschweiz waren die fremden Dienste, die nach dem Vertrag von 1521 ganz überwiegend Frankreich zugutekamen, das entscheidende Mittel, ihren wirtschaftlichen Status und damit ihr Sozialprestige zu behaupten bzw. weiter auszubauen. Sie bezogen nämlich sogenannte Pensionen, jährliche Zahlungen, die eine unmittelbare klienteläre Bindung zwischen dem «freigebigen» König und den dankbaren Empfängern von dessen Gaben knüpften. Do ut des – konkret schuldeten die großen Familien der Inneren Orte ihrem Patron nützliche Gegenleistungen wie die Anwerbung der gewünschten Kontingente nebst begleitenden politischen Maßnahmen. Ebenso selbstverständlich bekleideten die Abkömmlinge dieser Geschlechter die Führungspositionen der ins Ausland gesandten militärischen Verbände. Pensionen und Offizierssold ermöglichten zusammen einen Lebensstil, der sich gelegentlich – siehe das Schloss der Urner Familie A Pro im 16. Jahrhundert – trotz aller gebotenen Rücksichtnahme auf Volksstimmungen entschieden aristokratisch einfärbte. Und nicht zuletzt regulierte der Solddienst ein demographisches Ventil. Er entzog auf Jahre (und nicht selten für immer) der Landsgemeinde einen beträchtlichen Anteil der unruhigsten Bevölkerungsgruppe. Auf diese Weise trugen die fremden Dienste dazu bei, die am Ende des «langen 16. Jahrhunderts», das in Europa bis etwa 1620 steigende Preise und Bevölkerungszahlen hervorbrachte, immer häufiger auftretenden Versorgungskrisen zu entschärfen. Allerdings hatte das Reislaufen auch seine Schattenseiten. Zum einen war gerade für die einfachen Söldner die Rückkehr ins «Zivilleben» oft genug problematisch; ausgemusterte Reisläufer waren berüchtigt dafür, die Verhaltensformen des Krieges auch im Alltag zu praktizieren. Das Misstrauen ihrer Obrigkeit erregten sie aber auch, weil sie in anderen Ländern Erfahrungen mit fremden Bräuchen und abweichenden Glaubensformen gemacht hatten. Mit ähnlichem Unbehagen wurden Söldnerführer im Ruhestand betrachtet. Sie waren nicht selten mit Herrschern und Hocharistokraten vielfach vernetzt und begütert genug, um in der Heimat Schlösser nebst Gerichtsherrschaften zu erwerben – wo sie mit ihrem «extravaganten» Lebensstil enge Horizonte aufzusprengen drohten.

7.

Konfessionelle Bündnisse, Kriegsvermeidung und Bauernkrieg (1560–1655)

Die Hoheit über die Konfession nutzten die Obrigkeiten der Orte in der Folgezeit dazu, die Kirche in ihre eigenstaatliche Verfügungsgewalt einzugliedern. Dieser Prozess vollzog sich in reformierten und katholischen Gebieten im Einzelnen unterschiedlich, doch insgesamt mit vergleichbaren Ergebnissen. Besonders weitreichend entwickelte sich die Kirchenordnung und -aufsicht des Rates in Bern. Die Zürcher Geistlichkeit hingegen bewahrte sich unter dem neuen, politisch geschmeidigeren Antistes Heinrich Bullinger (1504–1575) eine unabhängigere Stellung; ihr Vorsteher wurde bis 1798 zu politischen Beratungen hinzugezogen. Ob sich konfessionell motivierte Konflikte in der Eidgenossenschaft künftig vermeiden ließen, hing daher auch davon ab, in welchem Maße die Räte ihre Pastoren zu zügeln vermochten oder von Kampfparolen selbst mitgerissen wurden. Obwohl die katholischen Orte nach dem Konzil von Trient (1545–1563) mit einer gestrafften kirchlichen Hierarchie und seit 1586 mit den Jurisdiktionsrechten eines ständigen Nuntius in Luzern konfrontiert waren, vermochten auch sie, ihrer wichtigen Rolle im europaweiten Konflikt der Konfessionen wohl bewusst, von Rom mancherlei Zugeständnisse zum Ausbau einer eigenen Kirchenhoheit zu erlangen.

Diese neu gewonnene Autorität nutzten katholische wie reformierte Obrigkeiten dazu, um durch eine unaufhaltsam ansteigende Flut von Mandaten und Dekreten eine «gute Policey» zu gewährleisten, d. h. Alltag und Lebenswirklichkeit breitester Schichten reglementierend zu bestimmen: von Kleidervorschriften über Feiertage, das Verbot von Flüchen und anderer «Unsittlichkeiten» bis hin zum Besuch des Gottesdienstes und zum Empfang der Kommunion. In welchem Maße sich Glaubenswelten und Handlungsweisen durch diese Versuche einer konfessionell bestimmten Sozialdisziplinierung prägen ließen, muss in vieler Hinsicht offen bleiben. Was die Verhältnisse auf dem Lande betrifft, so spricht vieles dafür, dass in katholischen Gebieten die Neuordnung der Riten den Vorstellungen der einfachen Leute partiell entgegenkam. Doch dürften sie die behördlicherseits verordneten Kultformen wie Wallfahrt und Reliquienkult eigenständig, als Rechtfertigung einer magische Prävention und dörfliche Autonomie verschmelzenden Frömmigkeitspraxis, interpretiert haben.

In Anbetracht der hohen Bedeutung von Mythen und gemeinsamer Erinnerung an historische Großtaten musste der Zusammenhalt der bikonfessionellen Eidgenossenschaft nicht zuletzt davon abhängen, ob und wie es gelang, diese Vergangenheit ungeteilt und damit als gemeinsame nationale Verpflichtung zu bewahren. Eine solche auf Geschichte und Landesnatur beruhende Identität hatten vor und nach der Reformation Humanisten wie Glarean und Vadian zu konstruieren begonnen. In ihren Texten erscheint die Eidgenossenschaft als gelobtes Land im Herzen Europas, in dem sittenreine und kulturell veredelungsfähige fromme Christen leben, von Gott erwählt und gegen korrumpierende Einflüsse von außen geschützt durch die Schutzwälle der Berge. Ein besonders einflussreiches und in vielem eigenständiges Deutungskonzept legte der Glarner Historiker und Politiker Ägidius Tschudi vor, durch den der Befreiungsmythos seine für lange Zeit gültige Darstellung erfuhr. Für Tschudi waren die Schweizer nicht nur moralisch, sondern auch genealogisch die Nachfahren der Helvetier, des keltischen Stammes somit, welcher im Kampf gegen Cäsar Tapferkeit, Unbeugsamkeit und Freiheitsliebe an den Tag gelegt hatte – Werte, an welche die Eidgenossen nach 1291 seiner Ansicht nach nahtlos anknüpften. Diese Kontinuität sah Tschudi, der Aristokrat, auch in der Politik gewährleistet; Helvetier wie Eidgenossen bedurften seiner Ansicht nach der Anleitung durch eine verantwortungsbewusste, national gesinnte Führungsschicht. Analog zu den Theorien deutscher Humanisten schloss Tschudis Nationmodell die «Andersstämmigen» wie etwa die von den antiken Rätiern abstammenden Bündner aus diesem Bunde aus.

Waren solche Ideen geeignet, innerhalb der dreizehnörtigen Eidgenossenschaft konfessionelle Abgründe zu überbrücken, so trug Tschudi als Glarner Politiker mit seiner rigorosen Katholisierungspolitik dazu bei, Kluften zu vertiefen: bezeichnende Widersprüche in einem Zeitalter, das zwischen der Priorität der Heilslehre und dem Wunsch nach nationalem Zusammenhalt hin und her gerissen wurde. Dabei dominierten in der politischen Praxis jetzt Sonderbündnisse, sehr zum Nachteil alter Gemeinschaftsriten. Die feierliche Beschwörung der Bünde geriet allmählich in Vergessenheit, so wie die Tagsatzung als Forum gemeinsamer Interessen an Bedeutung einbüßte.

Musste Zürich nach der Niederlage im Zweiten Kappeler Krieg seine Autorität gegenüber der Landschaft, die im Krisenjahr 1531 ungewöhnlich starken Einfluss auf die Politik der Stadt gewonnen hatte, zurückgewinnen, so schritt Bern um dieselbe Zeit im Westen zur Offensive. 1530 hatte die Aarestadt zusammen mit Freiburg durch einen Schutzvertrag die Unabhängigkeit der Stadtrepublik Genf garantiert, die sich gegen die Herrschaftsansprüche des Herzogs von Savoyen zu behaupten suchte. Infolge dieser Schirmfunktion konnte sich dort die Reformation Jean Calvins (1509–1564) entfalten. Durch sein Wirken als Prediger und Ideengeber einer konsequent durchgestalteten Reformation mit rigoroser Prädestinationslehre und strenger Sittenkontrolle wurde die Stadt an der Rhone zum europäischen Missionszentrum des Protestantismus schlechthin. Stark war Genfs Ausstrahlung vor allem in Frankreich, England und Schottland, doch setzte sich nach der

Mitte des 16. Jahrhunderts der Calvinismus auch in wichtigen Territorien des Reiches wie der Kurpfalz durch.

1536 nutzte Bern zusammen mit Freiburg eine seit längerem schwelende innere Krise des Herzogtums Savoyen zur weitgehend kampflosen Eroberung der Waadt und der südlich an den Genfer See angrenzenden Gebiete (die im Gegensatz zur Waadt 1564 an den zwischenzeitlich wieder erstarkten Gegner zurückgegeben werden mussten). Bern, das sich in seinem Staatsmythos mit dem alten Rom und mit Sparta zu vergleichen begann, war damit zur mächtigsten Stadtrepublik nördlich der Alpen geworden. Die französischsprachigen Neuerwerbungen wurden, analog zum übrigen Untertanengebiet, in Landvogteien aufgeteilt und von der hauptstädtischen Führungsschicht verwaltet; wichtigen Städten wie Lausanne wurden Sonderrechte eingeräumt. Dass die neuen Territorien Konfession und Kirchenordnung der Metropole zu übernehmen hatten, verstand sich im Zeitalter der verfestigten religionspolitischen Fronten von selbst.

Umgekehrt musste 1555 die reformierte Gemeinde Locarnos in reformierte Städte auswandern. Konfessionell getrennt richteten sich auch die auswärtigen Allianzen der Orte aus. 1560 verbündeten sich katholische Stände der Eidgenossenschaft mit Savoyen, fünf Jahre später mit Papst Pius IV. Auf reformierter Seite schlug 1566 die sogenannte Confessio Helvetica posterior zu Buche, eine theologische Allianz zwischen den Geistlichen Zürichs und Genfs und als solche gleichfalls von politischer Relevanz. In die Kriege zwischen der Krone, der von Hochadelsdynastien dominierten calvinistischen Partei und der ultrakatholischen, eng an Spanien angelehnten Liga, die Frankreich ab 1562 drei Jahrzehnte lang verwüsteten, wurden eidgenössische Söldner vielfältig involviert. Dabei konnte der Einfluss erfolgreicher Offiziere wie der des «Schweizerkönigs» Ludwig Pfyffer (1524–1594) Auswirkungen auf die innere Politik, in diesem Fall Luzerns, zeitigen, wo der Ex-Condottiere bis zu seinem Tod als Schultheiß amtierte. Ähnlich erfolgreiche

Karrieren gelangen Peter A Pro (ca. 1510–1585) in Uri und Rudolf von Reding (1539–1609) in Schwyz.

Wesen und Zweck konfessioneller Zusammenschlüsse spiegelt der 1586 von den sieben katholischen Orten Uri, Schwyz, Unterwalden, Luzern, Zug, Solothurn und Freiburg geschlossene «Goldene Bund» wider. Seine wichtigste Bestimmung war das Versprechen, den angestammten Glauben zu bewahren und den Abfall eines Gliedes von der katholischen Religion mit aller Kraft zu verhindern. Durch diese wechselseitigen Schutzzusicherungen stellte sich die Allianz wie eine Eidgenossenschaft im Kleinen dar, mit der Konfession als Fixpunkt von Loyalität, Treu und Glauben. Wenige Monate später, im Mai 1587, verbündeten sich dieselben Orte ohne Solothurn mit Spanien und vollzogen damit einen Wechsel der Ausrichtung, den die große Politik schon längst nahegelegt hatte. Seit mehr als fünfzig Jahren stand Mailand, für die Inneren Orte als Absatzmarkt eigener Produkte sowie zur Getreideversorgung von höchster Bedeutung, unter spanischer Herrschaft, von der spanischen Weltmachtstellung und der Auflösung der französischen Monarchie nach 1562 ganz zu schweigen. Der Vertrag von 1587 sicherte denn auch dem spanischen Monarchen ein Söldnerkontingent zwischen 4000 und 13 000 Mann sowie Durchzugsrechte zu, den katholischen Orten hingegen militärische Hilfe im Falle eines «Glaubenskrieges». Allerdings konsolidierte sich die französische Monarchie unter Heinrich IV. rasch – und auch diese Entwicklung fand 1602 in der feierlichen Erneuerung der alten Allianz ihren Niederschlag. Der Wiederaufstieg Frankreichs wiederum schmälerte die Machtstellung des Herzogs von Savoyen. Dessen letzter Versuch, das «zugewandte» Genf zu erobern, scheiterte im Dezember 1602 unter dramatischen Umständen.

Parallel zu den katholischen Orten suchten Bern und Zürich die Anlehnung an Mächte verwandten Glaubens, so durch einen Vertrag mit dem Markgrafen von Baden-Durlach 1612. Allerdings vermieden sie die Einbindung in die Union, den Zusammenschluss der protestantischen Reichsstände. Ein solcher Schritt hätte mit großer Wahrscheinlichkeit den Beitritt der katholischen Orte zur katholischen Liga provoziert und die Eidgenossenschaft dadurch in Fronten eingegliedert, die einen langen Krieg im Herzen Europas vorausahnen ließen. Sich dem Sog kommender Konflikte zu entziehen war die eine Seite der Medaille. Erfolgreich konnte die Politik des Sich-abseits-Haltens nur sein, wenn der innere Zusammenhalt stärker wurde als die Loyalität zu den Konfessionsgenossen im Reich und in Europa. Dringend benötigt wurde daher ein Nationmodell, das die kontrovers interpretierten religiösen Bezüge ausblendete, sich stattdessen auf historische sowie weitere innerweltlich nachvollziehbare bzw. nachprüfbare Motive stützte und auf diese Weise die konfessionellen Abgründe überbrückte. Ansätze zu einer solchen, für den Fortbestand der Eidgenossenschaft überlebenswichtigen Gedankenarbeit finden sich in den Texten des Protestanten Michael Stettler (1605, 1627). Er hob die antityrannische Stoßrichtung des Bundes sowie die unter seinen Gliedern herrschende Freundschaft als tragfähige Werte hervor. Sie sollten eine pragmatische Interessenunion gegen Gefährdungen von außen begründen.

Durchkreuzt wurden diese Bemühungen durch die konfessionelle Vereinnahmung der Gründungsmythen. Dabei bedienten sich die Konfessionsparteien unterschiedlicher Quellen. Während die Reformierten bevorzugt an Tschudis Helvetier-Theorie anknüpften, beriefen sich die Katholiken auf Bruder Klaus. Alle Versuche der katholischen Orte, diesen heilig sprechen zu lassen, scheiterten gleichwohl vorerst – über die Stufe der Seligkeit (1647) gelangte der staatskluge Einsiedler erst dreihundert Jahre später hinaus. Der repräsentative Heilige der Inneren Orte blieb Kardinal Carlo Borromeo, der zwischen 1560 und 1584 die Rekatholisierung der Schweiz mit besonderer Intensität betrieben hatte. Selbst Wilhelm Tell, lange gegen die drohende Aufsplitterung resistent, entging am Ende dem Schicksal nicht, in ein katholisches und in ein reformiertes Tyrannenmörder-Modell gespalten fortzuleben. Gefährlich waren diese Mythen-Teilungen deshalb, weil sie die Rechtfertigung dafür boten, den jeweils andersgläubigen Teil des Bundes im Namen von dessen ureigenen Werten zum wahren Glauben zu bekehren, notfalls auch mit «heilsamer» Gewalt. Beim Versuch, Konfessionsgrenzen überwölbende nationale Bezugsrahmen weiter auszugestalten, kamen in der Folgezeit Angebote von außen ins Spiel, ja es entwickelte sich eine regelrechte Konkurrenz der zu nationaler Identitätsfindung vorgelegten Entwürfe; deutsche, französische und niederländische Autoren, meist mit einer gewissen Nähe zur Macht, präsentierten ihr Bild der Schweizer Nation. Natürlich waren diese Offerten alles andere als uneigennützig; sie sollten zum Abschluss von Allianzen mit den wohlmeinenden Schutzmächten verpflichten.

Für Krieg oder Frieden bedeutsam war überdies, in welchem Maße informelle Kontakte und Kommunikationsformen über die konfessionellen Gräben hinweg Bestand hatten. Auch hier stachen in der ersten Hälfte des 17. Jahrhunderts Symptome der Entfremdung hervor. So wurde die Tagsatzung, seit zweihundert Jahren das Forum des eidgenössischen Gedankenaustauschs schlechthin, zu einem Anlass unter anderen; fast zehnmal so oft kamen die führenden Vertreter der Orte jetzt in konfessionell getrennten Treffen zusammen. Das war eine logische Vermeidungsstrategie. Denn auf den Tagsatzungen häuften sich die konfessionell motivierten Streitpunkte; sie wurden in der Regel nach ebenso ermüdenden wie ergebnislosen Debatten vertagt, verschoben und verschleppt. Für Kompromisse aber blieb so immer weniger Spielraum. Mindestens ebenso bedenklich für einsichtige Beobachter war, dass auch das soziale Leben hinter den Kulissen nicht mehr wie früher funktionierte. Was vorher ausgelassene Geselligkeit war und kompromissbereit stimmte, wurde jählings mit polemischer Bedeutung aufgeladen – wenn etwa die reformierten Gesandten an katholischen Fastentagen üppige Fleischmahlzeiten verzehrten.

Das Territorium der Eidgenossenschaft aus dem Dreißigjährigen Krieg herauszuhalten – dieses diplomatische Unterfangen hing mehr als einmal an einem seidenen Faden. Am stärksten wurde der Druck der konfessionellen Hardliner immer dann, wenn die eigene Glaubenspartei darniederlag oder aber durch göttlichen Beistand zu siegen schien. So drängte die Zürcher Geistlichkeit 1631/32, als der unerwartete Siegeszug des Schwedenkönigs Gustav Adolf die vorher erfolgreichen katholischen Mächte überrollte, zum Anschluss an den «Löwen aus Mitternacht»; im September 1633 durchzog der schwedische General Horn auf dem Weg zur Belagerung von Konstanz sogar unautorisiert eidgenössisches Territorium. Dass dieses dennoch eine Insel des Friedens blieb, hatte verschiedene Ursachen. Zum einen setzten die ausschlaggebenden Politiker, entgegen allen Interventionsaufrufen ihrer Geistlichkeit, überwiegend einen pragmatischen Kurs durch. Für kühle Köpfe nämlich war absehbar, dass eine aktive Parteinahme nicht nur schwerwiegende Verwicklungen in unüberschaubare europäische Konflikte, sondern auch einen inneren Krieg der Orte zur Folge haben musste. Darüber hinaus zogen breitere Schichten aus einer neutralen Haltung der Schweiz ökonomische Vorteile. Agrarprodukte ließen sich infolge kriegsbedingter Ernteausfälle in weiten Teilen Europas zu günstigen Preisen absetzen. Davon profitierten nicht nur die grundbesitzenden Eliten der Städte, sondern auch die dörflichen Honoratiorenschichten. In den 1620er und 30er Jahren kam es auf dem Land sogar zu einer regelrechten Boomkonjunktur. Nicht wenige Bauern nahmen Kredite auf und waren hoch verschuldet, als der Krieg nach 1640 stagnierte, der Friede sich am Horizont abzeichnete – und die Getreidepreise einzubrechen begannen.

Eine dauernde Mahnung zur Neutralität für die eidgenössischen Entscheidungsträger waren zudem die Vorgänge in den locker assoziierten Drei Bünden. Hier, wo die einzelnen Gemeinden das Sagen hatten, setzte die konfessionelle Spaltung ein immenses Gewaltpotential frei. So wurde das Angstbild der moderaten Schweizer Eliten, die Selbstzerfleischung unter tätiger Mithilfe der Großmächte, in der östlichen Nachbarschaft Wirklichkeit. Anlass für die Interventionen war das Bündner Untertanenland Veltlin. Papst Urban VIII. sowie Spanien und Frankreich spielten in diesem blutigen Ringen um Seelen und Pässe die Hauptrollen. Speziell für das Haus Habsburg stand viel auf dem Spiel; die Bündner Alpenstraßen waren wichtige Verbindungswege zwischen seinen nördlichen und südlichen Besitzungen.

Im Westfälischen Frieden erreichte die Eidgenossenschaft – vom Basler Bürgermeister Wettstein, der mit Geschick vor allem die Interessen seiner Stadt verfolgte, repräsentiert – den Austritt aus dem Reichsverband. Genau genommen wurde sie von den Pflichten gegenüber dem Reich ausgenommen. Diese Exemtion wurde vor allem von Frankreich und den Niederlanden als regelrechte Souveränitätserklärung interpretiert. In der Eidgenossenschaft hingegen spielten die Inneren Orte noch Jahrzehnte danach die Karte der Reichszugehörigkeit aus, wenn es die konfessionell-politische Lage opportun erscheinen ließ. Nachhaltiger Anspruch auf den Rang als eigenes Völkerrechtssubjekt wurde erst geltend gemacht, als Habsburg bzw. Frankreich diesen Status in Frage stellten und verteidigungspolitische Gesichtspunkte die uneingeschränkte Souveränität unabdingbar erscheinen ließen.

Nach dem Schwinden der äußeren Bedrohung aber brachen die inneren Gegensätze gewaltsam auf. Mit dem Ende der Kriegskonjunktur war die Situation auf dem Lande infolge von Preisverfall und Überschuldung kritisch geworden. Kredite wurden mit großer Härte eingetrieben, eine die Interessen der ländlichen Regionen schädigende Münzpolitik von Bern und Luzern tat ein Übriges. Gegenmaßnahmen, von einer großbäuerlichen Oberschicht initiiert und koordiniert, ließen nicht lange auf sich warten. Widerstand kam Ende 1652 zuerst im Luzerner Entlebuch auf, einer Region mit beträchtlicher Autonomie, und breitete sich von dort auf Berner, Solothurner und

Basler Gebiet aus; auf diese Weise gewann der Aufstand ein überkonfessionelles Profil. Vermittlungsversuche von seiten nicht unmittelbar betroffener Orte scheiterten, da sie letztlich ebenso wie die Tagsatzung die Interessen der Herren begünstigten. Auf dem Höhepunkt der Bewegung gingen die Forderungen der Aufständischen, die sich selbst nicht als Rebellen, sondern als Wiederhersteller guten alten Rechts betrachteten, weit über die Behebung der beanstandeten wirtschaftlichen und juristischen Missstände hinaus. Ja, ihrem Selbstverständnis nach knüpften die Ideengeber des Aufstands geradezu an antityrannische Gründungsmythen an. Die von ihnen im April und Mai 1653 geschlossenen Bünde sollten eine eigene Eidgenossenschaft der Bauern begründen und Mitregierungsrechte einfordern – weiterhin unter konsequenter Überbrückung des konfessionellen Gegensatzes.

Eine solche Teilhabe an der Macht zuzugestehen waren die Obrigkeiten jedoch keineswegs bereit. Berner, Innerschweizer, Luzerner und Zürcher Truppen warfen die bäuerlichen Aufgebote rasch nieder. Die im Juni ausgehandelten Unterwerfungsverträge verpflichteten die Aufständischen zur Niederlegung der Waffen und Auflösung ihrer Bünde. Ihre Führer, unter denen Hans Emmenegger und Niklaus Leuenberger als Vertreter einer bäuerlichen Oberschicht herausragten, wurden hingerichtet.

8.

Die Zeit der Villmerger Kriege (1656–1712)

In der Niederschlagung der Empörung gegen eine gottgewollte Obrigkeit noch einig, sollten die eidgenössischen Orte schon drei Jahre später untereinander einen blutigen Krieg austragen. Anlässe und Abläufe dieses Konflikts spiegeln wider, wie anfällig, ja zerbrechlich das Bundesgefüge inzwischen geworden war.

Im September 1655 flohen 32 Personen reformierten Glaubens aus dem schwyzerischen Arth nach Zürich. Daraus wurde rasch ein Religions-Politikum ersten Ranges, da sich beide Orte den Bruch eidgenössischer Verträge vorwarfen: die Schwyzer den Zürchern die freundliche Aufnahme von Landesverrätern, die Zürcher den Schwyzern die Verweigerung des freien Abzugsrechts Andersgläubiger. In einem Klima gewachsenen Misstrauens wurden daraus Feindbilder und Handlungsnotstände abgeleitet. So pries die Zürcher Geistlichkeit die Flüchtlinge als eine von Gott erwählte Gemeinde; ihr ebenso wie ihren unterdrückten Glaubensbrüdern in der Diaspora tatkräftige Unterstützung angedeihen zu lassen, sei eine heilige Pflicht. Und auch für weniger fromme Entscheidungsträger wurden den Krieg rechtfertigende Argumente bereitgestellt. So hob der Zürcher Bürgermeister Johann Heinrich Waser hervor, wie unhaltbar die politischen Zustände der Eidgenossenschaft mit ihren vielfältigen inneren Hemmnissen geworden seien – und wie dringlich daher ein grundlegender Umbau des Bundes sei. Dass diese Pläne nur gewaltsam gegen die Inneren Orte durchgesetzt werden konnten, verstand sich von selbst.

In den staatsrechtlichen Disputen gingen die Einschätzungen ebenfalls weit auseinander. Die Zürcher Juristen beriefen sich darauf, dass die Rechtsnormen des Bundesgeflechts den Handlungsspielraum der einzelnen Glieder einschränkten, während Schwyz die Gegenposition vertrat; das bedeutete für beide Seiten eine vollständige Umkehr der zweihundert Jahre zuvor vertretenen Standpunkte. Dahinter standen unterschiedliche Vorstellungen von Recht und Gerichtsverfahren im allgemeinen. Während in den ländlichen Gegenden der Innerschweiz für die soziale Basis der Großfamilie wie für die Politik Schiedsgerichtsverfahren bestimmend waren, mittels derer Recht in einem offenen Prozedere gefunden werden sollte, schritt in den Städten die Anwendung des viel differenzierteren römischen Rechts voran. Im konkreten Konfliktfall schlugen sich diese Kontraste darin nieder, dass Schwyz den Zürcher Antrag, die Affäre in einem eidgenössischen Rechtsverfahren auszutragen, als unzulässige Einmischung in seine inneren Angelegenheiten zurückwies. Vor diesem Hintergrund hatte die Propaganda beider Seiten leichtes Spiel. Sie malte Bedrohungsszenarien aus und berief sich auf eidgenössische Grundwerte, die dem Gegner zusammen mit der Ehre abgesprochen wurden. Der Krieg erschien so als das einzige Mittel, um die gestörte Ordnung wiederherzustellen.

Ihn entschieden die katholischen Orte mit ihren solddiensterprobten Offizieren gegen ein schlecht organisiertes Aufgebot Zürichs und Berns rasch für sich. In der Schlacht von Villmergen am 24. Januar 1656 erlitt die reformierte Seite eine vernichtende Niederlage; sie wurde nicht nur durch geringe Kampferfahrung, sondern auch durch die Uneinigkeit zwischen politischer und militärischer Führung verursacht. Der blutige Kampf der Eidgenossen untereinander bot den harten Kern für rasch zirkulierende Gräuelberichte, die den katholischen Siegern bestialische Grausamkeit vorwarfen; diese sahen ihren Triumph als Lohn ihrer Glaubenstreue an. Die Gemeinsamkeiten waren erschöpft wie selten, die neutralen Orte Basel,

Ehre, wem Ehre gebührt:
In diesem Hinterglasgemälde eines unbekannten Künstlers aus dem Jahre 1658 überreicht Lucerna, die Allegorie der Republik Luzern, dem zwei Jahre zuvor bei Villmergen siegreichen Truppenführer Christoph Pfyffer von Altishofen den Lorbeerkranz.

Freiburg, Schaffhausen und Solothurn sowie der französische Botschafter hatten schwierige Vermittlungsarbeit zu leisten. Doch fiel der am 7. März 1656 geschlossene Friede wiederum moderat aus, bestätigte er doch im Wesentlichen die bestehenden Verhältnisse – und damit explizit den Schwyzer Standpunkt, dass die einzelnen Orte ohne Einschränkung souverän seien. Dauerhaften Ausgleich konnte jedoch auch dieses Abkommen nicht herbeiführen. Nicht nur, dass sich die Zürcher trotz der milden Bedingungen gedemütigt fühlten. Zudem schrieb der Sieg bei Villmergen politische Verhältnisse fest, die in immer krasserem Gegensatz zur wirtschaftlichen und kulturellen Führungsstellung der reformierten Städte standen. Und auch die katholischen Orte waren durch den Triumph keineswegs geeint, wie ein Nachspiel zeigen sollte. Schwyz klagte nämlich den Urner Kommandanten Sebastian Zwyer von Evibach (1589–1661), der auf katholischer Seite im Dreißigjährigen Krieg zum Feldmarschall-Leutnant in habsburgischen Diensten aufgestiegen war, des Verrats an und lud den Beschuldigten vor sein Gericht – was von Uri naturgemäß als Verletzung der im Friedensvertrag eben noch beschworenen Souveränität der Stände zurückgewiesen wurde.

Die Rolle des französischen Ambassadors bei den Friedensverhandlungen ließ die außenpolitischen Orientierungen der Folgezeit vorausahnen. So wurde 1663 mit einer prunkvollen Zeremonie in Paris die Allianz aller eidgenössischen Orte mit dem französischen König Ludwig XIV. zelebriert, welche die alten Soldbündnisse erneuerte und zugleich ein bislang in Feierlichkeiten dieser Art so nie hervorgetretenes Ranggefälle zwischen den Vertrag schließenden Parteien versinnbildlichte. Der König – so die unübersehbare Botschaft der aufwändigen Feierlichkeit – beanspruchte den Ruhmesvorrang vor allen anderen gekrönten Häuptern und ließ sich gnädig herab, die Eidgenossen an seiner Ehre teilhaben zu lassen. Parallel dazu bemühte sich der französische Botschafter, die ausschlaggebenden Kreise der eidgenössischen Eliten an die Krone zu binden und

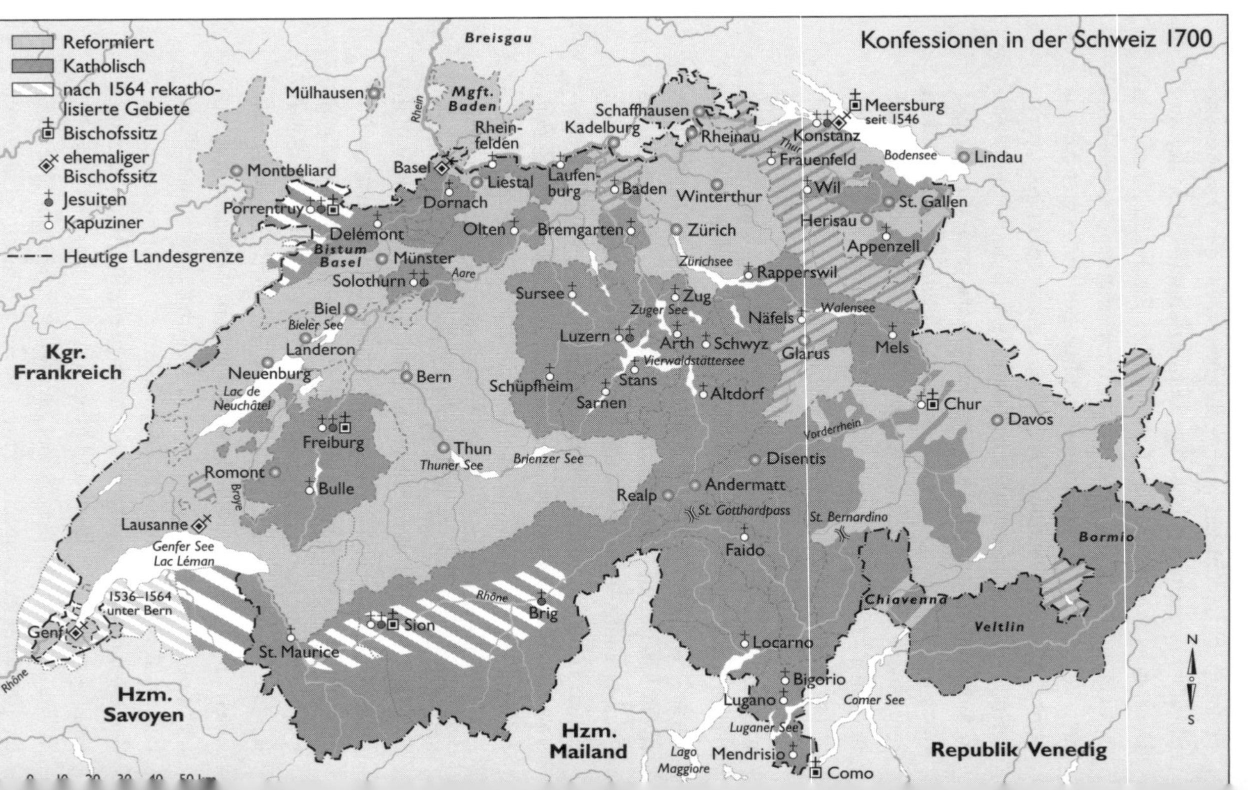
Konfessionen in der Schweiz 1700
Reformiert
Katholisch
nach 1564 rekatholisierte Gebiete
Bischofssitz
ehemaliger Bischofssitz
Jesuiten
Kapuziner
Heutige Landesgrenze
Breisgau
Mgft. Baden
Rhein
Mülhausen
Montbéliard
Porrentruy
Delémont
Bistum Basel
Basel
Rheinfelden
Liestal
Dornach
Laufenburg
Olten
Münster
Solothurn
Aare
Kadelburg
Schaffhausen
Rheinau
Baden
Bremgarten
Winterthur
Zürich
Zürichsee
Meersburg seit 1546
Konstanz
Thur
Frauenfeld
Bodensee
Lindau
Wil
St. Gallen
Herisau
Appenzell
Rapperswil
Sursee
Zug
Zuger See
Näfels
Walensee
Luzern
Arth
Schwyz
Glarus
Mels
Vierwaldstättersee
Stans
Schüpfheim
Sarnen
Altdorf
Biel
Bieler See
Landeron
Kgr. Frankreich
Neuenburg
Lac de Neuchâtel
Bern
Freiburg
Thun
Thuner See
Brienzer See
Romont
Broye
Bulle
Chur
Davos
Vorderrhein
Disentis
Andermatt
Realp
St. Gotthardpass
St. Bernardino
Faido
Lausanne
Genfer See Lac Léman
1536–1564 unter Bern
Genf
Rhône
St. Maurice
Sion
Brig
Bormio
Chiavenna
Veltlin
Locarno
Bigorio
Lugano
Comer See
Luganer See
Mendrisio
Lago Maggiore
Como
Hzm. Savoyen
Hzm. Mailand
Republik Venedig
N
S

so auf der Tagsatzung bestimmenden Einfluss zu gewinnen; ähnliche Werbungen betrieb auch der kaiserliche Gesandte. Der Erfolg der jeweiligen Anstrengungen hing nicht nur von der jeweiligen Spendierfreudigkeit, sondern auch vom Einfühlungsvermögen in Mentalitäten, das heißt vom Fingerspitzengefühl ab, mit dem die Reputation des gebenden wie des nehmenden Teils gewahrt wurde.

Doch nicht nur mit Geld und Ehrengeschenken, auch mit Ideen wurde politische Werbung betrieben. So konkurrierten nicht nur Könige und Botschafter, sondern weiterhin auch Nationmodelle um die Gunst der eidgenössischen Eliten. Dabei traf ein aristokratisch bestimmtes, auf Teilhabe an höfischer Kultur und adeliger Ehre gerichtetes französisches Bild der Schweiz auf ein entgegengesetztes, von Deutschland und den Niederlanden ausgehendes Konzept, welches die aristokratische Lebensart Frankreichs als dekadent anprangerte und stattdessen die Gegenwerte alteidgenössischer Solidarität, Einfachheit und Wehrhaftigkeit als verbindlich ausgab. Mit diesen Anregungen aufs engste verschränkt, setzten sich die Bemühungen schweizerischer Intellektueller fort, aus säkularisierten Versatzstücken unterschiedlicher Herkunft ein Identifizierungsmuster zu konstruieren, das über die Konfessionsgrenzen hinweg Freundschaft, Tugend, Gelehrsamkeit und politische Klugheit als Zentralwerte der Nation pries.

Doch bis zur Verwurzelung dieses Bildes in Kopf und Gemüt der Führungsschichten war es noch ein weiter Weg. Durch das Defensionale (Verteidigungsabkommen) von 1647 allenfalls mit einem Minimum an übergreifender Militärorganisation versehen, geriet die Eidgenossenschaft in den 1660er und 70er Jahren in den Sog der französischen Hegemonialpolitik. Diese Übermacht bekamen selbst die schweizerischen Regimenter in französischen Diensten zu spüren, welche innerhalb des Heeresverbandes ihre traditionell zugestandenen Freiräume einbüßten. Auch die Tagsatzung verhandelte längst nicht mehr auf gleicher Augenhöhe mit dem Monarchen. Als 1667 die spanische Franche-Comté, für die die Eidgenossenschaft seit 1511 als Schutzmacht bürgte, von französischen Truppen besetzt wurde, bestand ihre einzige Reaktion darin, im Jahr darauf das Defensionale zu erneuern und einem Kriegsrat im Konfliktfall die Vollmachten einer Notstandsregierung einzuräumen. Als Frankreich die Eroberung der Franche-Comté 1674 endgültig vollzog, überwog ebenfalls Passivität; die Eidgenossenschaft sah weitgehend tatenlos dem Verlust einer ihrer «Vormauern» zu. Zwar legte man dem Defensionale gemäß in den folgenden Jahren Grenzbefestigungen an, doch wurde das Verteidigungssystem durch den Austritt der ländlichen katholischen Orte 1677 und 1679 geschwächt. Daran zeigte sich, wie lose der innere Zusammenhalt geworden war – und mit welchem Misstrauen sich die Konfessionsparteien weiterhin gegenüberstanden.

Doch der Glanz des Sonnenkönigs verblasste allmählich auch in der Schweiz. Die Hinwendung der tonangebenden Kreise zu einem antifranzösischen Nationmodell am Ende des 17. Jahrhunderts spiegelte die sich wandelnde Machtkonstellation in Europa wider. Die Aufhebung des Edikts von Nantes, das 1598 den französischen Hugenotten freie Religionsausübung und weitgehende Gleichberechtigung im Staat zugesichert hatte, im Jahr 1685 führte zu massenhafter Auswanderung der rechtlos gewordenen Minderheit. Die praktische Solidarität der reformierten Orte mit den verfolgten Glaubensgenossen hielt sich in engen Grenzen. Als wirtschaftliche Konkurrenten gefürchtet, wurden sie überwiegend zum Weiterzug genötigt. Weitaus heftiger fielen die ideologischen Gegenreaktionen aus; folgenreich war der Image-Schaden, den alles Französische durch diesen Akt konfessionell-politischer Intoleranz erlitt. Dennoch bedurfte es gelinden Drucks von seiten des Kaisers, um eine konkrete politische Öffnung zur anderen Seite zu bewirken. Als deren Folge bewilligten reformierte Orte 1690 Österreich die Rekrutierung von Truppen. Zwei Jahre später erreichte der in der Eidgenossenschaft mit großem Geschick agierende niederländische Diplomat Peter Valkenier – seines Zeichens Autor von politischen Schriften, welche die republikanische Wertegemeinschaft der Generalstaaten und der Schweiz hervorhoben –, dass sowohl die Niederlande als auch Österreich Söldner in der Eidgenossenschaft anwerben durften.

Söldnermarkt Schweiz: So trafen 1709 bei Malplaquet in einer der blutigsten Schlachten des Spanischen Erbfolgekrieges eidgenössische Verbände auf Seiten Frankreichs wie seiner Gegner mit hohen Verlusten aufeinander. Kurz zuvor hatte die antifranzösische Koalition um Habsburg und England mitten im Krieg einen wichtigen Erfolg mit unblutigen Mitteln errungen. Aus den Streitigkeiten um die Erbfolge im Fürstentum Neuenburg (Neuchâtel) war 1707 keiner der von Ludwig XIV. begünstigten Bewerber, sondern der König in Preußen, Friedrich I., von den Ständen zum neuen Landesherrn erkoren worden; schon im Jahr darauf wurde das mit Bern und darüber hinaus mit Luzern, Freiburg und Solothurn verbündete Neuenburg als zugewandter Ort in die eidgenössische Neutralität einbezogen. Daraus ergab sich in der Folgezeit die staatsrechtlich eigentümliche Konstellation, dass ein von einem Hohenzollern-König bzw. dessen Stellvertreter vor Ort regiertes Fürstentum Teil der Schweiz wurde.

Um dieselbe Zeit spitzte sich an der entgegengesetzten Flanke eine Auseinandersetzung zu, die erneut zum innereidgenössischen Krieg führen sollte. Der Streit entzündete sich bezeichnenderweise in einem bikonfessionellen Gebiet mit stark aufgesplitterten und zudem umstrittenen Herrschaftsrechten – Merkmale der Alten Eidgenossenschaft insgesamt. Vor der «Flurbereinigung» im Zeitalter Napoleons zerfiel das Gebiet des späteren Kantons St. Gallen in nicht weniger als zwölf Teile. Stattliche Hauptstücke bildeten die reformierte Stadt St. Gallen, zugleich freie Reichsstadt und Zugewandter Ort, verbündet mit Zürich, Bern, Luzern, Schwyz, Zug und Glarus, sowie das sie umgebende Fürstenland, das Kernterritorium des Stifts St. Gallen bzw. seines zugleich reichsfürstlichen und der Eidgenossenschaft zugewandten Oberhaupts. Dessen

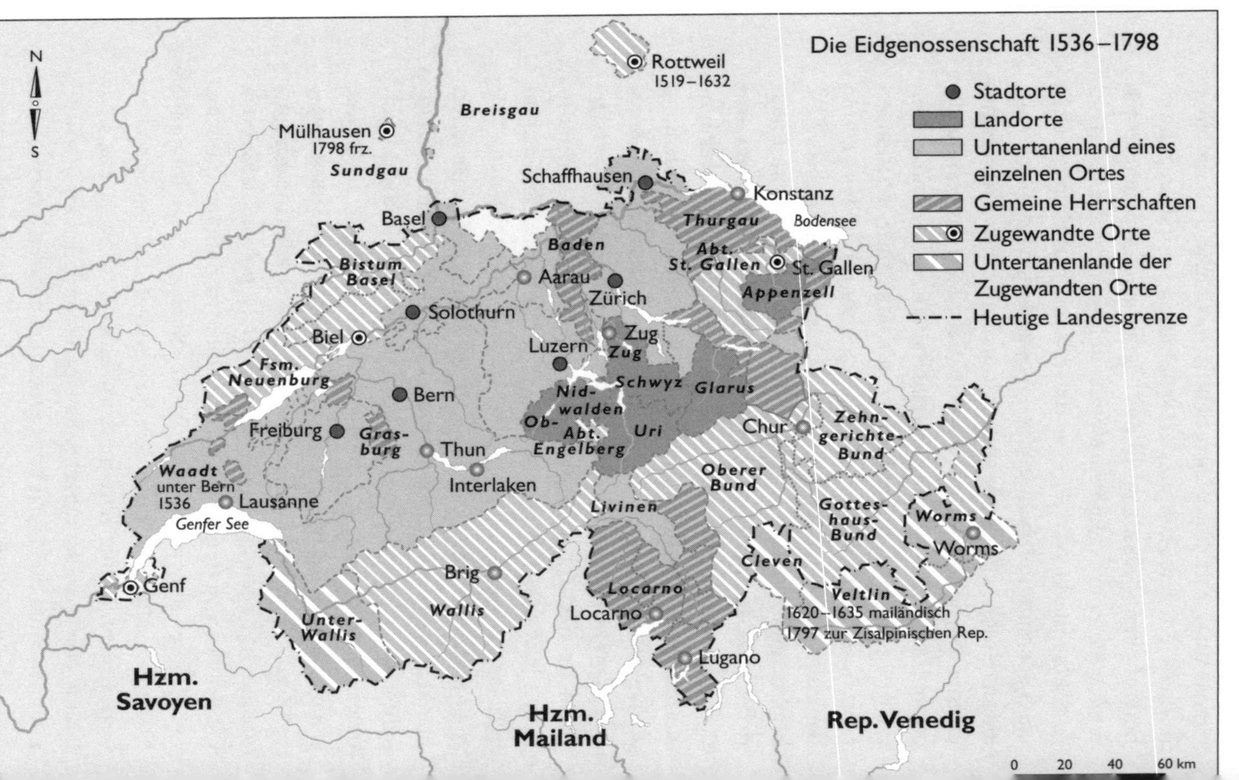
Die Eidgenossenschaft 1536–1798
Stadtorte
Landorte
Untertanenland eines einzelnen Ortes
Gemeine Herrschaften
Zugewandte Orte
Untertanenlande der Zugewandten Orte
Heutige Landesgrenze
N
S
Rottweil 1519–1632
Breisgau
Mülhausen 1798 frz.
Sundgau
Schaffhausen
Konstanz
Bodensee
Thurgau
Basel
Baden
Abt. St. Gallen
St. Gallen
Appenzell
Bistum Basel
Aarau
Zürich
Solothurn
Zug
Zug
Biel
Luzern
Fsm. Neuenburg
Schwyz
Glarus
Bern
Nid-walden
Ob-
Abt. Engelberg
Uri
Freiburg
Gras-burg
Thun
Chur
Zehn-gerichte-Bund
Interlaken
Waadt unter Bern 1536
Lausanne
Oberer Bund
Livinen
Gottes-haus-Bund
Worms
Worms
Genfer See
Cleven
Brig
Genf
Locarno
Veltlin
Wallis
Locarno
1620–1635 mailändisch
1797 zur Zisalpinischen Rep.
Unter-Wallis
Lugano
Hzm. Savoyen
Hzm. Mailand
Rep. Venedig
0
20
40
60 km

Verbündete Zürich, Luzern, Schwyz und Glarus entsandten allerdings in regelmäßigem Turnus einen – treffend «Schirmhauptmann» genannten – Delegierten, der den Abt nicht nur schützte, sondern auch überwachte und in vieler Hinsicht mitregierte; zudem besaß im Westen die Stadt Wil Sonderrechte. Im Süden grenzte an dieses Gebiet die Grafschaft Toggenburg an, deren im 15. Jahrhundert festgelegter Rechtsstatus bei formeller Oberhoheit des Abts eine beträchtliche Autonomie der Landleute vorsah; deren Schutzmächte waren die eidgenössischen Orte Schwyz und Glarus. Östlich des Fürstenlandes schloss sich die Landvogtei Rheintal an, welche seit 1500 von den acht Orten Zürich, Luzern, Uri, Schwyz, Unterwalden, Zug, Glarus und Appenzell als Gemeine Herrschaft verwaltet wurde; innerhalb dieses Gebiets hatten der Abt von St. Gallen und das Kloster Pfäfers ausgedehnte Grund- und Gerichtsherrschaften, also die «kleine» Macht im Alltag, inne. Südlich davon erstreckte sich das Gebiet der Freiherrn von Sax-Forstegg, über das Zürich seit 1615 Hoheitsrechte ausübte. Weiter im Uhrzeigersinn: die Herrschaft Gams und die Grafschaft Werdenberg, die erstere seit 1497 Kondominium von Schwyz und Glarus, die letztere ab 1517 Untertanengebiet von Glarus; die Grafschaft Sargans, die seit 1462 den sieben Orten Zürich, Luzern, Uri, Schwyz, Unterwalden, Zug und Glarus als Gemeine Herrschaft gehörte; die Fürstabtei Pfäfers, nominell reichsunmittelbar, de facto von denselben sieben Orten dominiert; die Landvogtei Gaster und Weesen, deren Verwaltung sich seit 1438 Schwyz und Glarus teilten; die Grafschaft Uznach mit denselben Herren sowie die kleine Stadtrepublik Rapperswil, de jure ein zugewandter Ort, der de facto unter dem Protektorat von Uri, Schwyz, Unterwalden und Glarus stand.

Diese buntgescheckte politische Landkarte, die im Wesentlichen bis zum Ende des 18. Jahrhunderts Bestand hatte, zeigt die Grenzen von Staatsbildung in der Alten Eidgenossenschaft an – und die Chancen, die sich in dieser kleinräumig gegliederten Region dafür boten, einen lokalen Konflikt zum gesamteidgenössischen Präzedenz- und Kriegsfall zu erheben. Anlass des Streits war der Bau einer Straße im Toggenburg, den der Abt von St. Gallen der Gemeinde Wattwil befahl. Diese jedoch hatte sich mehrfach von Frondiensten losgekauft und weigerte sich. Dahinter stand die Machtfrage: Wer hatte die faktische Landeshoheit? Der Abt reklamierte sie für sich, die Toggenburger beriefen sich auf ihr Landrecht mit Schwyz und Glarus. Von Zürich und Bern unterstützt, gingen die lokalen Honoratioren ab 1707 planmäßig daran, eine eigene Herrschaft zu errichten; dabei sollten die politischen Ämter paritätisch zwischen Katholiken und Reformierten aufgeteilt werden. Der Fürstabt aber hielt an seinen Ansprüchen fest; Rückendeckung fand er bei den katholischen Orten. Die weitere Eskalation lief nach altbekanntem Muster ab: intensivierte Feindbilder, Misstrauen, gewaltsame Übergriffe – und ab April 1712 Krieg.

Auf der Seite der Toggenburger «Rebellen» standen Zürich, Bern, Neuenburg, Genf und Graubünden, die Alliierten des Abts waren die Inneren Orte und das Wallis, die übrigen Bundesglieder blieben neutral. Diesmal fiel das Gesetz des Handelns den Reformierten zu, die rasch die umstrittenen Gebiete besetzten. Die alles entscheidende Schlacht fand am 25. Juli 1712 wiederum bei Villmergen statt. Diesmal aber waren vor allem die besser ausgebildeten und disziplinierteren Berner Truppen ihren Gegnern deutlich überlegen und trugen den Sieg davon. Der Friedensschluss veränderte die Machtverhältnisse in der Eidgenossenschaft dort erheblich, wo Spielraum für Umschichtungen vorhanden war, ohne die Grundordnung umzustürzen: in den Gemeinen Herrschaften. So wurden die Landvogtei Baden und das untere Freiamt jetzt Zürich und Bern unterstellt; von den alten Herren behielt darüber hinaus nur das neutrale Glarus seine Rechte, die katholischen Orte aber wurden enteignet. Dazu trat Bern in die Gemeinen Herrschaften Thurgau, Rheintal, Sargans und Oberes Freiamt ein. Und in den bikonfessionellen Kondominien gelangte der Grundsatz der Parität ohne die bislang für die reformierte Seite bestehenden Einschränkungen zur Anwendung. Langwieriger gestaltete sich die Befriedung des Unruheherds Toggenburg. Im Abkommen von 1718 mussten die dortigen Eliten ihren Traum begraben, eine eigene souveräne Landsgemeinde zu errichten und dadurch die Unabhängigkeit vom Stift zu garantieren. Der Abt erhielt die Hoheit über die verlorene Region zurück, doch wurde zugleich die regionale Selbstverwaltung durch präzise Regelungen abgesichert. Kam hier das Prinzip der Unantastbarkeit alter Rechtstitel zum Tragen, so war es bei der Neuverteilung der Gemeinen Herrschaften mit Füßen getreten worden: Grund für mancherlei Groll der katholischen Orte in der Folgezeit.

9.

Die Spätzeit der Alten Eidgenossenschaft (1713–1797)

Das späte Ancien Régime war weder eine Zeit idyllischer Ruhe vor dem Sturm, wie sie Gottfried Kellers Novelle *Der Landvogt von Greifensee* beschwört, noch ein langes Vorspiel zur Französischen Revolution. Stattdessen sticht – bezeichnend für die Spätzeit des alten Staates in Europa – ein Spannungsverhältnis von Stabilität im Großen und vielfältigen Konflikten im Kleinen hervor. Zwischen der Stadt als Herrschaftsträgerin und dem Land als Untertanengebiet wurden diese Auseinandersetzungen entweder durch Schieds- und Ausgleichsverfahren ausgetragen oder, in gravierenderen Fällen, durch begrenzte Gewalt der «Aufrührer» einerseits und obrigkeitlich initiierte Strafprozesse andererseits, die in der Regel zu relativ milden Urteilen führten. Bei diesen Kontroversen ging es kaum je um Souveränitätsfragen, sonderm um die Auslegung alten Rechts: welche Freiheiten, welche Abgaben, welche Dienste waren durch das Herkommen begründet – und welche durch stillschweigende Ausdehnung in den Augen der Untertanen usurpiert? So wie sich die «Gnädigen Herren» der Stadt ihren ländlichen Untergebenen als personifizierte Obrigkeit präsentierten, so bildeten den Stein des Anstoßes oft einzelne Personen: willkürlich regierende und vor allem habgierige, Zahlungen über Gebühr abpressende Landvögte oder verhasste untergeordnete Herrschaftsträger, die ihre Stellung zum eigenen Vorteil ausnutzten. Meistens vermochte in solchen Fällen die Maßregelung der schwarzen Schafe das Gleichgewicht wiederherzustellen.

Für die Stabilisierung einer ungleichen Sozial- und Staatsordnung waren darüber hinaus verschiedene Gründe ausschlaggebend. Zum einen blieb auf dem Territorium der Alten Eidgenossenschaft eine traditionelle kleinräumige Selbstverwaltung stärker erhalten als in dynamischer modernisierenden Fürstenstaaten. Bei allem Streben nach Territorien mit vereinheitlichtem Untertanenstatus machten auch Städte wie Bern und Zürich vor altverbrieften Gemeinderechten in der Regel Halt – nicht zuletzt aufgrund von Widerstand der Landschaft selbst. Administrativ, fiskalisch und gerichtlich wiesen die Untertanengebiete der Eidgenossenschaft daher im europäischen Vergleich einen geringen Grad von Staatlichkeit auf. Dabei hob sich die konservative Herrschaftspraxis in charakteristischer Weise von einer weiter fortgeschrittenen Theoriebildung ab, welche die überpersönlichen, ja anonymen Grundzüge des Staates betonte und so altständische und protoliberale Elemente zu einem spezifisch eidgenössischen Republikanismus verschmolz.

Stabilisierend wirkte zudem, dass die Interessen der städtischen Eliten mit denen der dörflichen Oberschichten weiterhin eng verflochten blieben. Die ländlichen Honoratioren leisteten unter der Aufsicht des Landvogtes nicht nur unverzichtbare Verwaltungsdienste vor Ort, sie waren durch ihre Teilhabe an der Autorität zudem in eine Scharnierfunktion und Ausgleichsrolle zwischen Land und Stadt hineingewachsen. Diese respektierte nicht nur alte Privilegien, sondern auch die Rechtsvorstellungen ihrer ländlichen Untertanen, wie sie in der Idee einer gerechten Wirtschaftsordnung zum Ausdruck kamen. Dieser «moral economy» lag überall in Europa der Basispakt Brot gegen Gehorsam zugrunde. Der vornehmsten Pflicht der Obrigkeit, ausreichende Nahrungsmittelversorgung zu erschwinglichen Preisen zu garantieren, vermochten die regierenden Kreise der Eidgenossenschaft, ungeachtet mancher Krisen wie zu Beginn der 1770er Jahre, mit einigem Erfolg Genüge zu leisten. Vor allem Bern konnte hier positive Leistungsbilanzen vorweisen. Durch die systematische Verbesserung von

Anbaumethoden, wie sie über die Landesgrenzen hinaus berühmte ökonomische Gesellschaften lehrten, und eine vorsichtige Modernisierung von Transport- und Verteilungsnetzen konnte hier flexibler auf Engpässe reagiert werden.

Ein Strukturwandel von höchster Tragweite vollzog sich um dieselbe Zeit außerhalb des Agrarsektors. Vor allem in der Ostschweiz schritt eine Protoindustrialisierung des Textilgewerbes rapide voran. Dabei blieben die einzelnen Produktionsvorgänge weiterhin dezentralisiert, ja vielfach in Heimarbeit ausgelagert, doch setzten sich effizientere Herstellungsmethoden mittels mechanischer Webstühle durch, welche das traditionelle Leinwandgewerbe in den Schatten stellten. So zählten die Gebiete südlich des Bodensees zu den ökonomisch modernsten Räumen Europas, die für internationale Märkte produzierten, aber auch von den Konjunkturen der Weltwirtschaft und damit der großen Politik in Mitleidenschaft gezogen werden konnten. Auf diese Weise wandelten sich die Lebensbedingungen breiter Schichten – und die ohnehin schon ausgeprägten Unterschiede zur Innerschweiz vertieften sich weiter.

Doch auch dort blieben Veränderungen nicht aus. Konflikte entzündeten sich am Verhältnis von Kirche und Staat. Bezeichnend dafür ist der sogenannte Udligenswiler Handel aus dem Jahr 1725. Dabei ging es um die Genehmigung einer Tanzveranstaltung im gleichnamigen Dorf, die der Landvogt erlaubte und der Pfarrer verbieten wollte. Aus diesem scheinbar komödiantischen Stoff entwickelte sich, da beide Seiten an einem Präzedenzfall Interesse hatten, ein Grundsatzstreit über die Kompetenzen staatlicher und geistlicher Gerichtsbarkeit. In dessen Verlauf setzte sich Luzern, das den unbotmäßigen Geistlichen kurzerhand absetzte, gegen Bischof und Nuntius weitgehend durch. Dieses «Staatskirchentum» wurde in den nächsten Generationen des Luzerner Patriziats fortgesetzt und gesteigert, als von der Aufklärung berührte Ausschnitte der Führungsschicht die verbliebenen kirchlichen Rechte noch

Jugend und Alter, Weisheit und Tatkraft harmonisch vereint:
Joseph Werners politische Allegorie von 1682 zeigt den Großen Rat von Bern als alten Mann mit den Klugheitszeichen Eule und Buch, den Kleinen Rat hingegen als junge Frau mit Palmenzweig, Lorbeer und Beil, den Symbolen gerechter und ruhmvoller Herrschaft.

weiter zurückdrängten – eine Auseinandersetzung, die mit heftigen Kämpfen rivalisierender Netzwerke verknüpft war.

Auch Konflikte innerhalb der Städte konnten in Anbetracht der fortschreitenden Abgrenzung der führenden Familien und des Ausschlusses der großen Mehrheit von den Staatsgeschäften nicht ausbleiben, doch zogen sie ebenfalls nur selten weitere Kreise. Das größte Aufsehen erregte die 1749 niedergeschlagene Henzi-Verschwörung in Bern. Sie richtete sich gegen ein Regiment, das die Abschottung der regierungsfähigen Geschlechter in den 1680er Jahren weit vorangetrieben hatte. In Zürich kam es 1713 zwar zu einer gegenläufigen Bewegung, die die Verkrustungen des politischen Systems aufbrechen wollte, doch blieben die von den Reformen bewirkten Ausweitungen der Teilhabe begrenzt. Dass trotz dieser ungleichen Chancen- und Machtverteilung stärkere Polarisierungen ausblieben, ist auf dieselben Ursachen wie auf dem Lande zurückzuführen. Auch die Städte der Alten Eidgenossenschaft boten durch die Vielzahl von Korporationen mit reich abgestuften Sonderrechten genügend Freiheiten, das heißt Freiräume der Selbstverwaltung und Klientelbildung, um eine Identifizierung der mittleren Schichten mit der herrschenden Ordnung in der Regel zu gewährleisten.

Am geringsten fiel die Bereitschaft zur Akzeptanz der bestehenden Verhältnisse dort aus, wo örtliche Eliten zwar soziales Prestige gewonnen hatten, diese Stellung jedoch nicht durch Teilhabe an Autorität und Macht bestätigt sahen. Das galt vor allem für die wohlhabenden und gebildeten Oberschichten im Berner Untertanengebiet am Genfer See. Blieb der idealistische, religiös und naturrechtlich motivierte Aufstandsversuch des Majors Davel zur Befreiung der Waadt 1723 noch ohne größeres Echo, so hatte sich am Vorabend der Französischen Revolution ein beträchtliches Potential der Unzufriedenheit mit dem Regiment der «Berner Aristokraten» angesammelt.

In der Regel wurde die Herrschaft dort am leichtesten akzeptiert, wo die Staatsgewalt am wenigsten spürbar war. Ausgeprägt war diese «Staatsferne» in den Gemeinen Herrschaften,

Was den Luzernern ihre Lucerna war den Bernern ihre Berna: Diese ist im Bild Joseph Werners durch Rüstung, Schwert und Bärenschild als Wehrstand ausgewiesen. Die in sich gekehrte Dame mit dem Kelch verkörpert den kirchlichen Lehrstand und die Figur mit dem Füllhorn den Nährstand. So sind Patrizier, Geistliche und Bauern harmonisch vereint.

wo die turnusmäßige Auswechslung des Landvogtes den lokalen Honoratioren als Kräften der Kontinuität besonderes Gewicht zukommen ließ. Diese Schlüsselstellung der örtlichen Eliten stach in den ennetbirgischen Vogteien hervor, wo der «lanvogto», alle zwei Jahre mit einem ebenso majestätischen wie pittoresken Zeremoniell empfangen bzw. verabschiedet, überwiegend als Schiedsrichter und Ausgleichsstifter im komplexen Kräftespiel der Talschaften, Gemeinden, Nachbarschaften und Sippenverbände agierte.

Innere Konflikte verzeichneten auch die Landsgemeindekantone. Beispielhaft dafür ist der sogenannte «Stadlerhandel». Als Vertreter einer blockierten Sekundärelite mobilisierte Josef Anton Stadler in Schwyz zeitweise heftigen Widerstand gegen die «Regierenden» – und bezahlte diese Opposition 1708 mit dem Tod auf dem Schafott. Insgesamt jedoch blieben in den Landorten die Machtverhältnisse stabil, ungeachtet steigender Befugnisse der führenden Amtsträger und der Verweigerung politischer Rechte für Neuzugezogene.

Auseinandersetzungen mit weit nachhallendem europäischen Echo ereigneten sich an der westlichen Peripherie der Eidgenossenschaft. In Genf schwelte seit dem Anfang des 18. Jahrhunderts ein Souveränitätskonflikt zwischen der städtischen Aristokratie (citoyens) und der gehobenen Mittelschicht (bourgeois); der Streit entzündete sich darüber, ob dem Kleinen oder dem Großen Rat die Hoheit im Stadtstaat zukomme. In dieses zähe Ringen griff ab 1764 der berühmteste, zwei Jahre zuvor ausgewiesene Sohn der Stadt, Jean-Jacques Rousseau, ein. In seinen Bergbriefen (*Lettres écrites de la montagne*) verkündete der Autor des *Contrat social* und des nicht minder revolutionären Erziehungsromans *Émile* die höheren politischen Rechte der bourgeois, deren jährlich einzuberufende Versammlung als Gesetzgeber zu betrachten sei; von dieser sollte die unterste Gruppe der städtischen Bevölkerung, die sogenannten natifs, sowie die kürzlich zugezogenen habitants ausgeschlossen bleiben. Nach langen Kämpfen setzten sich 1781 natifs und bourgeois gemeinsam durch, doch stellten schon im Jahr darauf die konservativen Kräfte die alte Ordnung wieder her. In Fortsetzung dieser Konflikttradition beschritt Genf unter dem Einfluss des jakobinischen Frankreich in den 1790er Jahren radikalere Wege als die übrige Schweiz.

Bis zu dieser Zeitenwende aber blieben im Corpus Helveticum, wie die Staatsjuristen das reich abgestufte Gebilde der Eidgenossenschaft zu nennen pflegten, einschneidende Veränderungen aus. Als republikanische Föderation im Europa der Monarchien, die mit ihren Landsgemeinden unter freiem Himmel als politisches Unikum ehrfürchtig oder spöttisch bestaunt wurde, pochte die Eidgenossenschaft gleichwohl auf ihre ebenbürtige Teilhabe an einer europäischen Ehrgemeinschaft und sah diesen Anspruch auch ganz überwiegend bestätigt. Ver-

Das versammelte Corpus Helveticum bei der Arbeit: Die Sitzordnung spiegelt die Rangverhältnisse wider, wie sie sich bis ins 18. Jahrhundert erhalten haben. Am Zweiertisch in der Mitte sitzen die Vertreter des Vororts Zürich, daneben vornehme Gesandte. Die Delegierten der übrigen acht alten Orte sind auf Lehnsesseln über den Vertretern der später hinzugekommenen Bundesglieder und der «Zugewandten» platziert.

mochte sich der Bund aus den europäischen Erbfolgekriegen der 1730er und 40er Jahre herauszuhalten, so kämpften eidgenössische Söldner weiterhin an allen Fronten: überwiegend auf französischer Seite, doch auch in Diensten der Niederlande, Spaniens, des 1720 aus Savoyen-Piemont erwachsenen Königreichs Sardinien, Österreichs sowie des seit 1734 bourbonisch regierten Süditaliens. Lange schlummernde Ängste weckte die erfolgreiche habsburgische Restitutionspolitik, die nicht nur in Reichsitalien uralte Rechte zeitgemäß zu reaktivieren bestrebt war. Besonders bedrohlich erschien diese Tendenz, als sie sich unter Joseph II. mit einer Politik der entschlossenen Reform von oben, der Nivellierung ständischer Vorrechte und der konfessionellen Toleranz verband. Vor diesem Hintergrund erfolgte 1777 die Erneuerung der Allianz mit Frankreich.

Wie überall in Europa, so gerieten im Laufe des 18. Jahrhunderts auch in der Schweiz der Geist der Aufklärung und die Institutionen des alten Staates in einen immer tieferen und schließlich unauflöslichen Gegensatz. Kritik der Intellektuellen musste sich am Widerspruch zwischen den oligarchischen Herrschaftsverhältnissen und dem Grundsatz des Aufstiegs «durch Verdienst allein» entzünden. Diese Kluft versuchte eine ältere Generation aufgeklärter Staatsdenker durch Programme staatsbürgerlicher Erziehung zu schließen. Den Orientierungspunkt dafür bot der Tugendkanon der altrömischen Republik. Die Rückbesinnung auf das Pflichtethos einer am Gemeinwohl ausgerichteten Aristokratie echter Staatsdiener bildete das Leitmotiv der politischen Gedichte und Theaterstücke des Berner Naturforschers und Dichters Albrecht von Haller. Als Mediziner von internationalem Rang hatte Haller ab 1737 mehr als anderthalb Jahrzehnte an der Reformuniversität Göttingen gewirkt, um danach zwecks Wahrung des Familienranges in die wissenschaftliche Provinz Bern zurückzukehren, wo er als Direktor des Salzbergwerks von Bex Beschäftigung fand. In mancher Hinsicht ähnliche Ideen zur inneren Erneuerung der alt gewordenen Republiken entwickelte 1744 der Luzerner Patrizier Urs Balthasar. Sein Plan, eine Pflanzstätte des Regierungsnachwuchses für die Eidgenossenschaft einzurichten, ging über die Vorstellungen des im Alter konservativer gewordenen Haller dadurch hinaus, dass dieses Institut zwar vorwiegend, doch nicht ausschließlich patrizischen Eleven offenstehen sollte. Nicht zuletzt aus diesem Grunde musste seine ansonsten moderate Reformschrift anonym erscheinen (1758). Wehret den Anfängen: Getreu diesem Grundsatz ließen die Obrigkeiten kein noch so kleines Steinchen aus dem festen Gefüge ihrer Vorherrschaft herausbrechen. Alle Pläne, die starren Rekrutierungsmethoden der politischen Klasse durch die Teilhabe neu aufgestiegener Bildungs- und Besitzeliten geschmeidiger und damit zeitgemäßer zu gestalten, waren ähnlich wie in Venedig bis kurz vor dem Untergang des Ancien Régime zum

Scheitern verurteilt. Die alteuropäische Republik schaffte den Ausbruch aus dem Bannkreis der Privilegien nirgendwo.

Entsprechend misstrauisch beäugt wurde anfangs auch die 1761/62 gegründete Helvetische Gesellschaft, die die aufgeklärten Führungszirkel beider Konfessionen auf einer jährlichen Tagung in Schinznach zusammenführte. Der Zweck der Vereinigung, die Förderung von Patriotismus und Gemeinsinn, war so allgemein, dass sich unter diesem Dach nicht nur verschiedene Generationen, sondern auch sehr heterogene Zielsetzungen im Einzelnen zusammenfanden. Während die Sozietät sich am Ende in schwärmerischer Vaterlandsliebe und ebenso unverbindlichem Freundschaftskult erging, sympathisierten ihre jüngeren Mitglieder wie der Zürcher Johann Heinrich Pestalozzi mit radikaleren Gesinnungen. So erfüllte die Helvetische Gesellschaft ihren Hauptzweck, eine eidgenössische Elite mit gemeinsamen Werten für eine zu erneuernde Schweiz heranzubilden, auf eine ebenso ungewollte wie zukunftsträchtige Weise.

Schon zwei Jahrzehnte vor dem Ende der Alten Eidgenossenschaft stellte die Amerikanische Revolution, die zur Bildung einer föderativen Republik ganz neuen Zuschnitts führte, eine Herausforderung für politische Denker dar. Lag es nahe, die beiden dreizehnteiligen Freistaaten als Geschwister-Bünde zu feiern, so traten für die tiefer blickenden Beobachter die Differenzen zwischen den beiden politischen Gebilden umso deutlicher hervor; hatte sich doch jenseits des Atlantiks ein Gemeinwesen konstituiert, das nicht auf abgestuften Privilegien, sondern auf dem Grundsatz der natürlichen Rechtsgleichheit aller Menschen gegründet war. Gerade dieser Unterschied wurde von den radikaleren Kräften in der Eidgenossenschaft als ein möglichst bald aufzuholender Vorsprung der Neuen Welt angesehen – die Debatte über das Wesen der Schweizer Freiheit war damit eröffnet. In dieser Diskussion formten sich drei Hauptrichtungen heraus. Für die Konservativen war die von Tell erkämpfte Freiheit ein für alle Mal vollendet und unverlierbar; die Gemäßigten, aus denen sich mit der Zeit eine früh-

Tell, der Himmelsstürmer:
In Johann Heinrich Füsslis kurz vor der Französischen Revolution entstandenem Gemälde ist der Freiheitsheld zu einem heroischen Selbsthelfer verklärt, der die alte Welt aus den Angeln heben wird.

liberale Richtung herausbildete, räumten ein, dass sich manche Einrichtungen der Eidgenossenschaft im Laufe der Zeit abgenutzt hatten und der zeitgemäßen Erneuerung bedurften; die «neuen Republikaner» schließlich votierten für die Übernahme des französischen Modells von 1791 bzw. 1795. Doch gab es zwischen diesen – auch untereinander im Einzelnen oft divergierenden – Flügeln mancherlei Übergänge und Grauzonen.

Je länger alles Theoretisieren folgenlos blieb, desto mehr wuchsen Erwartung und Ungeduld. Dieser Prozess der Polarisierung trübte schließlich auch das Bild der Vergangenheit. Hatten die meinungsbildenden Denker der älteren Generationen wie Haller, Bodmer und Breitinger die traditionellen Werte der Eidgenossenschaft, bei aller Notwendigkeit der Anpassung an gewandelte Zeiten, noch hochgehalten, so zeigte der repräsentative Historiker der zweiten Jahrhunderthälfte, der Basler Isaak Iselin, eine entschieden gewandelte Haltung zur Geschichte. Alles historisch Gewachsene ist untauglich für eine

Gegenwart, die mit der Symmetrie der Vernunft bei Null anfangen muss, so lautete am Ende sein ernüchterndes Fazit. Anknüpfungspunkte sah die von Iselin unterwiesene jüngere Generation künftiger Revolutionäre allein in den Anfängen. Die «Urschweiz» – so ihre idealisierte Sicht der frühesten Nationalgeschichte – sei aus dem Geist der Freiheit, Gleichheit und Brüderlichkeit erwachsen, jedoch bald nach ihrer hochherzigen Gründung in die Hände eigennütziger Oligarchen gefallen. Die Prinzipien der nationalen Morgenröte im Geist von 1789 zu erneuern bedeutete somit, die verratene und irregeleitete Nation wieder in die vorherbestimmten Bahnen zu lenken: eine wahrhaft patriotische Tat.

10.

Revolution, Chaos und neue Ordnungen (1798–1814)

Wie überall in den angrenzenden Staaten setzte die Französische Revolution auch in der Eidgenossenschaft ein gewisses Unruhepotential auf dem Lande frei. Auslösende Momente waren die Hoffnung, die Feudallasten abschütteln zu können, und die Erwartung, dass die Untertanengebiete endlich die politische Gleichberechtigung mit der Stadt erlangen würden. Träger dieser lokalen Bewegungen waren vor allem die dörflichen Honoratioren. Die wichtigste dieser Unruhen im Zeichen der Französischen Revolution war der sogenannte Stäfner Handel auf Zürcher Territorium. Ablösung der Grundlasten, Handels- und Gewerbefreiheit, Wiederbelebung alter Gemeinderechte: Diese Forderungen des 1794 verfassten Stäfner Memorials betrachtete die Zürcher Regierung als jakobinische Unterwanderung und bestrafte die Verantwortlichen, Mitglieder der ländlichen Oberschicht und Intellektuelle aus der Stadt, als Aufrührer mit der Verbannung. Doch damit war die Affäre noch nicht zu Ende. In der Zürcher Landschaft wurde jetzt systematisch nach den rechtlichen Grundlagen der städtischen Herrschaft geforscht, und zwar mit der Absicht, diese in Frage zu stellen. So artikulierte sich die widerständige Grundstimmung in Archivrecherchen: wahrhaft Ausdruck einer Übergangszeit.

Das Neue rückte näher, je erfolgreicher die französische Republik, die seit 1795 mit Zensuswahlrecht und starker Exekutive ganz den Interessen der besitzenden Klassen diente, die Revolution mit militärischen Mitteln exportierte. Nach der

Besetzung der linksrheinischen Gebiete Deutschlands (1795) sowie der Eroberung Nord- und Mittelitaliens (1796/97) durch den kometenhaft aufsteigenden General Napoleon Bonaparte wurde die Lage der Alten Eidgenossenschaft, Pufferzone zwischen den Mächten der Revolution und der Restauration, bedrohlich. Anfang 1798 war ihre Eroberung beschlossene Sache. Im Zeichen des zu erwartenden Einmarsches «revolutionierten» einige Orte ihre alte Verfassung von oben; in Basel, Zürich und Schaffhausen wurde die Landschaft jetzt politisch gleichberechtigt. Doch den Lauf der Ereignisse vermochte dieses Zugeständnis in letzter Minute nicht mehr aufzuhalten. Im Januar rückten französische Truppenverbände in die Waadt ein, die einige Tage zuvor ihre Befreiung vom Berner Joch und die Gründung einer neuen Republik feierlich verkündet hatte. Bern selbst unterlag der militärischen Übermacht Anfang März. Die Alte Eidgenossenschaft schien fast lautlos unterzugehen. Zu heftigem Widerstand gegen die neuen Machtverhältnisse kam es jedoch unter starkem kirchlichen Einfluss in der Innerschweiz. Hatte Schwyz nach erfolgreichem Beginn der Kämpfe im Mai 1798 kapitulieren müssen, so flackerten in Nidwalden drei Monate später nochmals Aufstände auf, die einen hohen Blutzoll auch unter der Zivilbevölkerung forderten.

Die Schweiz war zum Kriegsschauplatz geworden. 1799 führten österreichische und russische Truppen unter General Suworow kurzfristig einen Umschwung zugunsten der konservativen Kräfte herbei, der jedoch nach erneuten französischen Erfolgen rasch rückgängig gemacht wurde. Die Verwüstungen der Kriege, die Ausplünderung durch die französische Okkupationsarmee, welche die ansehnlichen Staatsschätze der alten Orte, ja selbst die Bären, Berns lebende Hoheitszeichen, nach Paris entführte, und die damit verbundenen Versorgungskrisen hatten eine dauerhafte Finanzknappheit zur Folge, die die innere Umgestaltung aufs schwerste behinderte. Dazu trug die programmatische und persönliche Rivalität unter den Protagonisten der neuen Republik wesentlich bei. Geteilt waren die

Tanz um den Freiheitsbaum:
Die Obrigkeit von Basel lädt 1798 zum patriotischen Ringelreihen auf dem Platz vor der Kathedrale. Mit «volkstümlichen» Festen wie diesem warb der Helvetische Einheitsstaat um die Loyalität seiner Bürger.

Meinungen vor allem darüber, wie zentral das neue Staatswesen aufgebaut werden sollte, und das hieß vor allem, wieviel Eigenleben den eben noch souveränen Kantonen verbleiben würde. Populär konnte die neue Ordnung unter derartig widrigen Bedingungen nicht werden. Dass sie von der großen Mehrheit der Bevölkerung abgelehnt wurde, erklärt sich daraus, dass das neue Helvetien mit der alten Eidgenossenschaft kaum noch Ähnlichkeit aufwies, ja in vieler Hinsicht ihr schieres Gegenteil wurde. Eine so durchgreifende Veränderung aber bewirkte einen Modernisierungsschock, der lange anhielt. Auf der anderen Seite wurde jetzt, fieberhaft experimentierend, vieles vorweggenommen, was sich später als zukunftsträchtig erweisen sollte. Fünf Jahre, die die Schweiz erschütterten: die Helvetik als Laboratorium einer neuen Zeit.

Befreiung oder Freiheitsverlust? Die Antwort auf diese Frage hing einst wie jetzt vom geographischen, sozialen und ideologischen Standort ab. Einigkeit ist darüber bis heute nicht erzielt worden, wie das unterschiedliche Gedenken 1998, zweihundert Jahre danach, in der West- und in der Innerschweiz anzeigte. Gestützt wurde die von außen hereingetragene innere Umwälzung von einem Kreis aufgeklärter Patrizier der regierenden Orte und vor allem von Vertretern der besitzenden und gebildeten Oberschicht in den Untertanenstädten. Aus dem ersten Milieu stammte der Basler Peter Ochs, aus dem zweiten der Waadtländer Frédéric-César de Laharpe. Ochs war der Sohn eines reichen Großkaufmanns, wuchs in Hamburg auf, studierte in Leiden, war von der aufgeklärten Kultur Frankreichs geprägt und dort mit einflussreichen Persönlichkeiten bestens vernetzt. Nicht minder international liest sich die Biographie Laharpes. Der Patrizier aus Rolle machte sich als Erzieher des künftigen russischen Zaren Alexander I. einen Namen und verfasste politische und historische Schriften gegen die Herrschaft der «Berner Aristokraten» in seiner Heimat. Philipp Albert Stapfer, als Bildungsminister für die kühn konzipierten Erziehungsreformen der Helvetik zuständig, war aus aargauischem Untertanengebiet gebürtig, hatte in Göttingen studiert und war von der Philosophie Kants beeinflusst. Johann Heinrich Pestalozzi, der sich gleichfalls als Erziehungs- und Schulreformer in den Dienst der Helvetischen Republik stellte, stammte aus dem verarmten Zweig einer angesehenen Zürcher Familie italienischen Ursprungs und geriet früh in Opposition zu den Regierenden. Sein philanthropisches und pädagogisches Wirken unter den Waisen des vom Krieg verwüsteten Stans schuf der Schweiz einen ihrer großen Erinnerungsorte.

Von Frankreich aufoktroyiert, doch mit eigenständigen Zügen versehen war bereits die erste Verfassung der Helvetischen Republik vom 12. April 1798, an deren Ausarbeitung Ochs entscheidenden Anteil hatte. Vom französischen Modell vorgegeben war die starke, fünfköpfige Exekutive der sogenannten

Direktoren. Abweichend vom Vorbild sah die helvetische Konstitution jedoch ein Urwahlrecht aller männlichen Bürger über 20 Jahre vor, die seit mindestens fünf Jahren in ihrer Gemeinde ansässig waren; allerdings wurden von diesen nur Wahlmänner bestimmt, die dann die Mitglieder des Großen Rates ernannten. Dieses Element einer männlichen Wahlrechtsdemokratie war ein Zugeständnis an die eidgenössischen Traditionen, die Einrichtung der Wahlmänner hingegen eine Vorsichtsmaßnahme gegen allzu ungebärdige Regungen des Volkes, von dem man, nicht zu Unrecht, eine gegenrevolutionäre Bewegung zurück zu den alten Verhältnissen befürchtete. Als folgenschwer erwies sich die Aufteilung des Staatsgebiets. Die alten Orte machten zweiundzwanzig neuen Kantonen Platz, darunter die ehemaligen Untertanengebiete Aargau, Waadt und Thurgau, im Süden Bellinzona und Lugano, sowie Graubünden (unter dem Namen Rätien) und Wallis; von ihnen blieben nach Strafmaßnahmen gegen die unruhige Innerschweiz schließlich neunzehn erhalten. Eigenständige Befugnisse oder gar Macht hatten sie nicht mehr. Mit den Kantonen alten Stils sollte der Geist des Partikularismus und der Privilegien untergehen; eine auf das Gemeinwohl gerichtete Gesinnung aber konnte nur in einem konsequent ausgestalteten Einheitsstaat aufkommen – so das Credo der «unitarischen» Helvetik. Dass dieser staatsbürgerliche Erziehungsprozess Zeit brauchen und womöglich erst in künftigen Generationen Früchte tragen würde, dessen waren sich die Protagonisten der neuen Schweiz wie Ochs und Stapfer durchaus bewusst. Das Experiment Helvetik musste mit seiner Bildungspolitik stehen oder fallen.

Von diesem aufgeklärten Ziel, den Menschen zu hohen Idealen hinzuführen, ist sogar die Verfassung durchdrungen. Zwischen Wahlrechtsklauseln und Staatsbürgerschaftsbestimmungen hat Ochs pädagogische Maximen eingestreut, die den toten Buchstaben der Konstitution zu moralischem Leben erwecken sollten: dass der Einzelne dem Vaterland, seiner Familie und den Armen ergeben sein müsse, der Freundschaft huldigen möge, ihr jedoch seine Pflichten voranzustellen habe. Im Klartext: Gesetze gehen vor Klientel, der neue Staat steht über den nützlichen Interessengruppen, die alten Netzwerke sind abgeschafft. Allerdings wies die – für die männliche Hälfte der Bevölkerung – proklamierte Gleichheit einige Einschränkungen auf. So wurde die schmale jüdische Minderheit nicht in die Staatsbürgergemeinschaft integriert. Nach langen und kontroversen Debatten, in denen sich traditioneller Antisemitismus hinter aufgeklärten Fassaden verstecken konnte, wurde eine endgültige Entscheidung verschoben, mit der Folge, dass die Juden als niedergelassene Ausländer galten und als solche zwar keine politischen Rechte besaßen, doch zumindest zivilrechtliche Vorteile genossen.

Neben den alten Eliten verlor die katholische Kirche am meisten. In der Verfassung von 1798 wurden Kirchen und Konfessionen konsequent dem Staat unterstellt und auf diese Weise ihrer öffentlichen Bedeutung entkleidet, ja letztlich «privatisiert». Dieser Sturz von der Staatsreligion zu einem tolerierten Bekenntnis unter anderen war umso tiefer, als die neue Konstitution sogar diskriminierende Züge aufwies. So konnten katholische Priester keine politischen Ämter bekleiden. Und schließlich wurden im Laufe des Jahres 1798 für die Klöster, ihren Bestand und Besitz fatale Gesetze erlassen: Die Aufnahme neuer Mönche bzw. Nonnen wurde ihnen verboten, ein großer Teil ihrer Besitzungen beschlagnahmt und versteigert. Was für die aufgeklärte Oberschicht die notwendige Zurückdrängung eines Staates im Staat bzw. einer feindlichen, rückwärtsgewandten Macht im Namen des Fortschritts war, wurde von der Mehrheit der Bevölkerung der ländlichen Orte als eine elementare Bedrohung ihrer Lebenswelt und Heilsgewissheit empfunden. So betrachtet stellt sich die Helvetik als ein erster Kulturkampf dar. Für die ländlichen Schichten waren die Aufhebung der alten kirchlichen Freiheiten und die religiöse Toleranz reine Blasphemie, welche schwere Gottesstrafen nach sich ziehen musste. Die vom Himmel vorgeschriebene Befolgung religiöser Bräuche wie Wallfahrt und Heiligenkult alleine konnte Fruchtbarkeit gewährleisten und Schaden von Feld und Vieh fernhalten. Wenige Angehörige der besitzenden und gebildeten Schichten konnten sich in diese – überwiegend als Aberglaube abqualifizierten – Vorstellungswelten so tief hineinversetzen wie Pestalozzi. In volkspädagogischen Schriften versuchte er die tiefe Kluft zwischen den Mentalitäten zu überbrücken und den einfachen Leuten Sinn und Berechtigung der neuen Ordnung in deren eigener Sprache zu vermitteln.

Aufheben ließ sich diese Opposition zwischen einem erzieherisch aktiven Staat und den unteren Schichten jedoch nicht. Stapfers Idee einer neuen, nach aufgeklärten Grundsätzen geführten Volksschule wurde zum einen auf dem Lande als unerlaubter Eingriff in geschlossene Lebenswelten zurückgewiesen und erwies sich zum anderen als nicht finanzierbar. Zum Scheitern verurteilt war auch sein Plan einer Nationaluniversität, welche den «Genius» Frankreichs, Deutschlands und Italiens, wie er sich in den jetzt gleichberechtigten Landesteilen der Schweiz manifestierte, zu einem helvetischen Nationalgeist verschmelzen sollte.

Den Widerstand breiter Kreise entfachten weitere unerfüllte Erwartungen und als Provokation empfundene Umwälzungen. So gelang es nicht, eine für die ländliche Bevölkerung akzeptable und zugleich praktikable Lösung für die Abtragung der Grundlasten zu finden. Eine ersatzlose Streichung dieser Überbleibsel des Feudalzeitalters, wie von radikalen Stimmen gefordert, kam für die bildungsbürgerliche Mehrheit nicht in Frage. Wie in Frankreich und Italien votierte sie dafür, die Lasten (außer Hörigkeitsverhältnissen) als bürgerliches Eigentum zu betrachten und damit ablösungspflichtig zu machen. Ein erster Plan, der günstige Rückkaufbedingungen vorsah, erwies sich als nicht finanzierbar; spätere Lösungen verschoben die Gewichte wieder stärker zu Ungunsten der Bauern. Zur Unpopularität des neuen Staates trugen des Weiteren neue Steuern und die allgemeine Militärdienstpflicht bei. So geschätzt das Metier des freien, ehrbaren Söldners war, so verhasst der erzwungene Dienst in den Riesenheeren Napoleons. Tiefe Irritationen erzeugte überdies, dass der Zentralstaat die alte Selbstverwaltung durch Familienverbände, Nachbarschaften und Gemeinden aufhob. Der Verlust der Kleinräumigkeit wurde in den alpinen Regionen sowie in den ehemaligen ennetbirgischen Vogteien als besonders schmerzhaft empfunden. Bezeichnenderweise votierten hier die dörflichen Honoratioren für die größtmögliche politische Fragmentierung: für die Unabhängigkeit ihrer Dorfrepubliken bzw. für regionale Autonomie auf der Grundlage einer eigenen Landsgemeinde, das auf dem Lande populärste Alternativmodell zur herrschenden Ordnung schlechthin. Dieselben Gründe waren dafür ausschlaggebend, dass die lokalen Führungsschichten südlich des Gotthards nicht den Anschluss an die Cisalpine Republik bzw. das spätere Königreich Italien suchten, sondern dem Beitritt des neuen Kantons Tessin zur Eidgenossenschaft den Vorzug gaben. Als gewissermaßen zweitbeste Lösung bot diese Art der Eigenständigkeit den einheimischen Eliten lockendere Betätigungsfelder als das zentralistische, von Napoleon bzw. seinem Vizekönig abhängige Staatsgebilde im Süden.

Im Zeichen der Instabilität – zwischen 1800 und 1802 fanden nicht weniger als vier Umstürze an der Spitze des Staates statt – setzte unter der Oberaufsicht des Ersten Konsuls Bonaparte die Suche nach einer den Schweizer Verhältnissen gemäßeren Verfassung ein. Eine neue Helvetische Konstitution, nach Napoleons Residenz «von Malmaison» genannt, stärkte die Position der Kantone. Und auch die Tagsatzung war wieder da; sie wählte die Exekutive des Kleinen Rates, dessen wichtigstes Mitglied der präsidierende Landamman war. Allerdings konnten die altvertrauten Amtsbezeichnungen kaum verdecken, dass sich dahinter die Befugnisse einer starken Zentralregierung neuen Zuschnitts verbargen. Dauerhaft durchzusetzen vermochte sich diese revidierte Ordnung nicht. Schon wenige Monate später, im Juni 1802, durften die Schweizer Bürger über eine weitere, von einer Versammlung einflussreicher Persönlichkeiten ausgearbeitete Konstitution abstimmen. Obwohl mehr Nein- als Jastimmen abgegeben wurden, trat die sogenannte Notabelnverfassung in Kraft – Enthaltungen wurden als Zustimmung gewertet! Das neue Grundgesetz sah eine Macht- und Aufgabenverteilung zwischen Zentrale und Kantonen vor, die als Kompromiss zwischen Unitariern und Föderalisten gelten durfte. Ein Zugeständnis an konservative Kreise bildete Artikel eins, der die christliche Staatsreligion in Form des katholischen und reformierten Bekenntnisses wieder einführte.

Die erhofften Befriedungswirkungen blieben dennoch aus. Nachdem Napoleon den Abzug der französischen Truppen befohlen hatte, versank die Schweiz binnen kurzem im Bürgerkrieg. Truppen der Republik unterlagen Aufgeboten der Konservativen, die eine Gegenregierung aufstellten. Diese Situation bot Napoleon den Anlass einzugreifen. In einer Proklamation vom 30. September 1802 hielt er den Eidgenossen ihre politische Unreife vor, die sich in andauerndem Parteigeist und Bürgerkrieg niederschlage; die ganze Schweizer Geschichte beweise seit jeher, dass das Land nur mit Hilfe der Grande Nation im Westen zur Ruhe kommen könne. So geruhe er, als uneigennütziger Vermittler gute Dienste zu leisten. Nach dem erneuten Einmarsch französischer Verbände brach der Widerstand rasch zusammen. Ende 1802 begannen die Beratungen einer Gruppe handverlesener Persönlichkeiten – darunter Ochs, Stapfer und Pestalozzi – über eine stabilere politische Ordnung für die Schweiz, für den Bund und die Kantone. Was die leitenden Prinzipien betraf, so waren sie diesem – Consulta genannten – Gremium vom Ersten Konsul bindend vorgegeben: Ein Bundesstaat mit ausgeprägt föderalen Zügen allein schien die Lösung der drängenden Probleme zu gewährleisten. Die unitarische Mehrheit in der Consulta musste sich diesem Diktat fügen.

Napoleons Mediation («Vermittlung») war am 19. Februar 1803 abgeschlossen. Ihr hervorstechendes Merkmal war, neben der Stärkung der sozialen und politischen Autoritäten, die Differenzierung im Namen der Geschichte. So wurde die Eidgenossenschaft jetzt wieder von den Kantonen (ohne das 1802 ausgegliederte Wallis) gebildet. Demgegenüber war der Bund entschieden zurückgesetzt; er übernahm allein die Aufgaben, die die Kantone ihm übertrugen, und zwar mit dem von diesen bereitgestellten Geld. Die Tagsatzung als Koordinierungsorgan sollte abwechselnd in den sechs Direktorialkantonen Freiburg, Bern, Solothurn, Basel, Zürich und Luzern zusammenkommen. Als Zugeständnis an gewachsene Traditionen konzipiert, sicherte die Mediationsverfassung dessen ungeachtet Errungenschaften der Revolution: Zivilrechtliche und politische Privilegien von Personen und Verbänden blieben aufgehoben, womit Aargau, Thurgau, St. Gallen, Waadt und Tessin gegen den Rückfall in die Untertanenverhältnisse des Ancien Régime geschützt waren. Natürlich hatte diese Vermittlung ihren Preis. In zwei Verträgen vom Herbst 1803 sicherte sich Frankreich Schweizer Militärkontingente in der Normalstärke von 16 000 Mann.

Die geringste Rücksicht auf die Geschichte musste bei der Verfassung der neuen Kantone genommen werden. In ihnen wurden allein die Besitzenden zu aktiven Staatsbürgern; wer Führungsämter übernehmen wollte, musste geradezu Plutokrat sein. Alte und neue Honoratioren verschmolzen so zur politischen classe propriétaire; entsprechend stark fiel die Stellung des Kleinen Rates als Exekutive aus. Auch in den ehemaligen Stadtkantonen begrenzte ein hoher Zensus die politischen Rechte. Vor allem aber wurde die alte Elite mit ihrem Grundbesitz wie allgemein die Stadt gegenüber dem Land begünstigt. In Uri, Schwyz, Nid- und Obwalden, Glarus, Zug und den beiden Appenzell schließlich kehrte durch den ausdrücklichen Willen Napoleons sogar die Landsgemeinde zurück. Eine weitere Ausnahme bildete Graubünden, wo die seit alters dominierenden Gemeinden weiterhin die tragende Rolle spielten.

Folklore unter freiem Himmel:
Nach 1803 hatte «Brauchtum» in der Schweiz wieder Konjunktur.
Im hier gezeigten Unspunnenfest bei Interlaken stellten kräftige Sennen ihre Stärke und Geschicklichkeit vor den Augen von Honoratioren und Touristen zur Schau. Das Bild einer intakten Volkskultur und einer harmonischen Gesellschaftsordnung verbreitete sich im In- und Ausland.

In den nächsten zehn Jahren blieb die Eidgenossenschaft innerhalb des französischen Hegemonialsystems stabil. Die Kontinentalsperre gegen England schnitt sie von wichtigen Märkten ab und zwang zu technischer Innovation; zu Beginn des 19. Jahrhunderts zählte die Schweiz zu den am stärksten industrialisierten Ländern Europas. Ob sie allerdings ihren territorialen Bestand und ihre staatliche Eigenständigkeit würde bewahren können, erschien zunehmend unsicher. 1810 wurde das Wallis dem französischen Empire inkorporiert. Und die Abtrennung des südlichen Tessins zugunsten des Königreichs Italien war so gut wie beschlossene Sache, als Napoleon 1812 mit der Großen Armee, darunter 8000 Schweizer, nach Russland zog und damit den Zerfall seiner Herrschaft einleitete. Gegenüber den im Jahr darauf siegreich vorrückenden Truppen der antifranzösischen Koalition erklärte sich die Eidgenossenschaft für neutral. Den Durchmarsch alliierter Truppen vermochte sie dennoch nicht zu verhindern. Und vor dem Hintergrund der gewandelten europäischen Machtverhältnisse erwies sich rasch, dass sich die weltanschaulichen und politischen Gegensätze im Jahrzehnt der erzwungenen Ruhe vertieft hatten. Das Lager der Konservativen durfte sich im Aufwind fühlen; extreme Kräfte forderten sogar die Wiederherstellung der alten Untertanengebiete.

Sie wussten den Zeitgeist auf ihrer Seite. Nach den Erschütterungen der Revolution und der Erfahrung des napoleonischen Machtstaats vollzogen repräsentative europäische Intellektuelle eine Kehrtwendung zu den vermeintlich ewigen Kräften der Geschichte, zu Familie und Religion. Beide traten als tragende Säulen von Gesellschaft und Staat im Ideengebäude des ultrakonservativen Staatstheoretikers Karl Ludwig von Haller, des Enkels des großen Aufklärers, hervor. Der dem Wesen des Menschen einzig angemessene Staat war für ihn patriarchalisch und paternalistisch zugleich, d. h. er musste den materiellen und mentalen Bedürfnissen der einfachen Leute entgegenkommen und auf diese Weise eine unauflösliche Union zwischen dem Herrscher und dem Volk begründen. Im Namen der unveränderlichen Natur des Menschen wurde so die Monarchie zur allein tauglichen Staatsform erhoben und die Idee des Gesellschaftsvertrags als verderblich gebrandmarkt.

Eine maßstabgetreue Wiederherstellung der Alten Eidgenossenschaft musste nicht von vornherein eine rückwärtsgewandte Utopie sein; immerhin beriefen sich die führenden Staatsmänner des Wiener Kongresses 1814/15 auf den Grundsatz alt verbriefter Legitimität. Zu dieser Totalrestauration, die auf der «Langen Tagsatzung» von April 1814 bis August 1815 vor allem von Bern, Solothurn und Freiburg betrieben wurde, kam es jedoch nicht, weil die führenden Mächte Europas an einer inneren Polarisierung der Schweiz kein Interesse hatten.

11.

Von der Restauration zum Bundesstaat (1815–1848)

Nach mühsamen Verhandlungen konnte am 7. August 1815 der neue Vertrag für einen Bund beschworen werden, der von den – mit Wallis, Genf und Neuenburg jetzt 22 – Kantonen geschlossen wurde. Zweck war die Freiheit, Ruhe und Sicherheit seiner Glieder. Die Hauptaufgabe der Föderation bildete dementsprechend die gemeinsame Verteidigung nach außen, für welche die Kantone Kontingente in der Gesamtstärke von 33 000 Mann zu stellen hatten. Darüber hinaus waren die Kompetenzen des Bundes bescheiden; sie hatten in gerade einmal fünfzehn Artikeln Platz.

Zu klären war überdies der Standort der Eidgenossenschaft im Europa der Großmächte England, Frankreich, Österreich, Preußen und Russland. Schon während des Wiener Kongresses hatten die Schweizer Delegierten das Prinzip der Neutralität für ihr Land geltend gemacht; im zweiten Pariser Frieden vom November 1815 fand dieser Grundsatz schließlich Aufnahme. Um die Formulierung im Einzelnen wurde hartnäckig gerungen; dabei versuchten die Schweizer Gesandten den Begriff einer von den Großmächten «garantierten» Neutralität zu vermeiden, hätte diese Rechtskonstruktion doch Interventionen von außen Vorschub leisten können. Vor allem Österreich beanspruchte in der Folgezeit solche Kontroll- und gegebenenfalls Eingriffsrechte. Bei der Grenzziehung büßte der neue Kanton Graubünden sein altes Untertanengebiet Veltlin ein. Als Verlierer in territorialer Hinsicht aber fühlten sich vor allem die Berner. Die jetzt zu ihrem Staatsgebiet geschlagenen, überwiegend französischsprachigen und katholischen Gebiete des ehemaligen Fürstbistums Basel wurden als ungenügende «Entschädigung» für den Verlust der alten Untertanengebiete angesehen.

Die Souveränität der Kantone zeigte sich darin, dass sie sich ihre Verfassung selbst gaben; die gültige Ausfertigung war im Bundesarchiv zu deponieren. Große Gestaltungsspielräume gab es dabei nicht. Die Schweiz war Bestandteil des restaurativen Systems Metternich, in dem nationale und liberale bzw. demokratische Strömungen als subversiv verdächtigt und verfolgt wurden. Solche Tendenzen zeichneten sich dessen ungeachtet in zwei der «jungen» Kantone, im Tessin und in Genf, ab. Nach der Zurückweisung einer ersten, für zu radikal befundenen Verfassung durch die Tagsatzung und nachfolgender Truppenentsendung kam im Tessin eine Ordnung zum Tragen, die sich mit abgestuftem Zensuswahlrecht sowie einer starken Exekutive von den Regelungen der Mediationszeit nicht allzu weit entfernte; mit Rücksicht auf den Lokalstolz rotierten Hauptstadt und Kantonsgericht zwischen Bellinzona, Locarno und Lugano. Eine moderate Lösung wurde auch in der Waadt gefunden, wo die Verfassung vom August 1814 die Interessen adeliger Grundbesitzer wie allgemein der Honoratioren begünstigte, schroffe Brüche aber vermied.

Einen geschichtlich bedingten Sonderfall bildete Genf. Unter Napoleon Frankreich einverleibt, wurde die Stadt nach dessen Sturz von Vertretern der alten Aristokratie geführt, die den Anschluss an die Eidgenossenschaft befürworteten. Nach dessen Zustandekommen trat 1814 eine Verfassung in Kraft, deren Gegenläufigkeit zum restaurativen Zeitklima unübersehbar war. Mit der Garantie der Rechtsgleichheit, Religions- und Pressefreiheit löste sie liberale Basisforderungen ein, zu denen auch das Zensuswahlrecht nicht im Widerspruch stand. Trotz mancherlei praktischer Einschränkung dieser Freiheitsrechte in der Folgezeit blieb Genf ein Zentrum des Widerstandes gegen den restaurativen Zeitgeist und, traditionell nach Westen

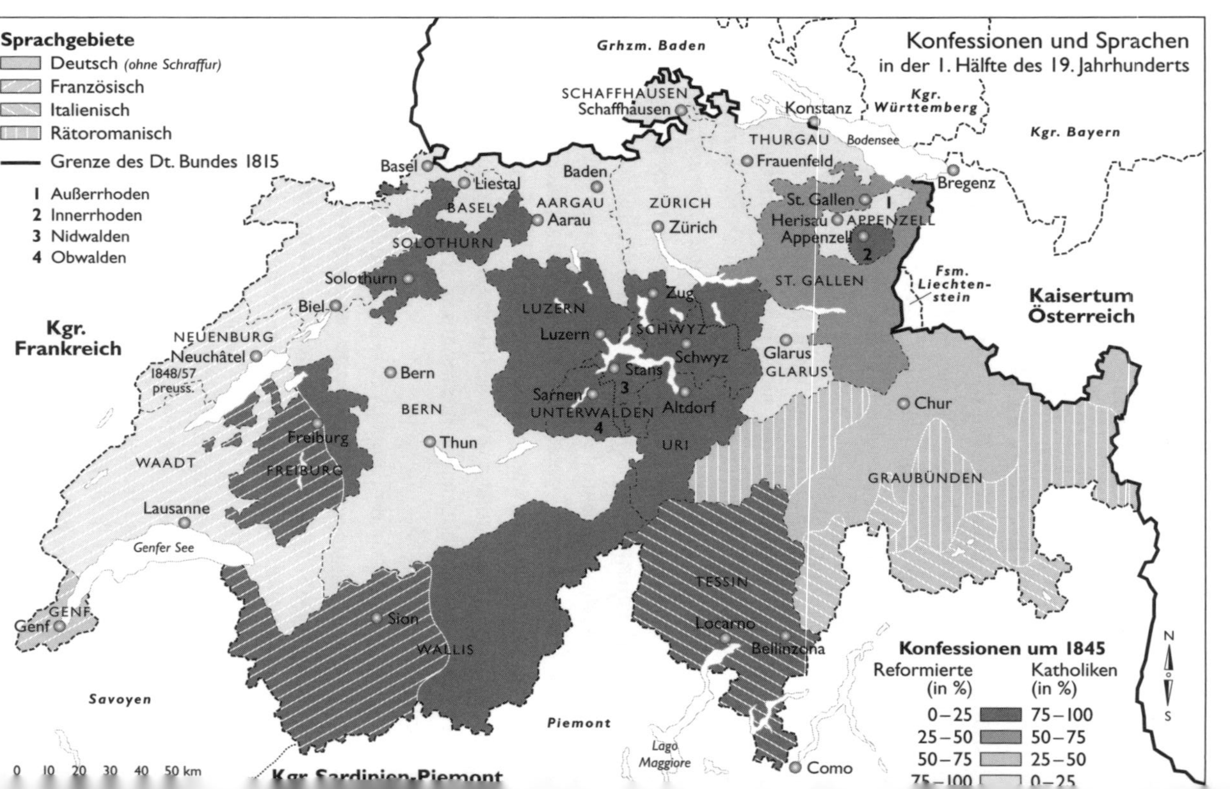
Konfessionen und Sprachen
in der 1. Hälfte des 19. Jahrhunderts
Sprachgebiete
Deutsch (ohne Schraffur)
Französisch
Italienisch
Rätoromanisch
Grenze des Dt. Bundes 1815
1 Außerrhoden
2 Innerrhoden
3 Nidwalden
4 Obwalden
Grhzm. Baden
Kgr. Württemberg
Kgr. Bayern
Kgr. Frankreich
Fsm. Liechtenstein
Kaisertum Österreich
Savoyen
Piemont
Kgr. Sardinien-Piemont
Bodensee
Genfer See
Lago Maggiore
SCHAFFHAUSEN
Schaffhausen
Konstanz
THURGAU
Frauenfeld
Bregenz
Basel
Liestal
BASEL
Baden
AARGAU
Aarau
ZÜRICH
Zürich
St. Gallen
Herisau
APPENZELL
Appenzell
ST. GALLEN
SOLOTHURN
Solothurn
Biel
NEUENBURG
Neuchâtel
1848/57 preuss.
Bern
BERN
Thun
LUZERN
Luzern
Zug
SCHWYZ
Schwyz
Stans
Sarnen
UNTERWALDEN
Altdorf
URI
Glarus
GLARUS
Chur
GRAUBÜNDEN
Freiburg
FREIBURG
WAADT
Lausanne
GENF
Genf
Sion
WALLIS
TESSIN
Locarno
Bellinzona
Como
Konfessionen um 1845
Reformierte (in %)
Katholiken (in %)
0–25 75–100
25–50 50–75
50–75 25–50
75–100 0–25
0 10 20 30 40 50 km
N
S

ausgerichtet, ein Motor liberaler Bewegungen innerhalb der Eidgenossenschaft. In der «restaurierten» Schweiz, wo die Verhältnisse im europäischen Vergleich insgesamt gemäßigt ausfielen, richtete sich die liberale Opposition vor allem gegen eine ostentative Rekonfessionalisierung bzw. die Wiederherstellung kirchlicher Sonderrechte, die konservative Wende im Erziehungswesen und die Wiedereinführung von Elementen der traditionellen Strafjustiz. Diese Siegeszeichen der alten Ordnung wurden als symbolische Zurückschraubung der Geschichte und damit als Infragestellung des historischen Fortschritts empfunden.

Aufs schwerste kompromittiert sahen die Liberalen dieses Prinzip in der Innerschweiz, wo schon 1803 die Landsgemeinden wiederbelebt worden waren. Statt einer ausgearbeiteten Verfassung gaben Uri und Schwyz einige Basisartikel zu Protokoll, die die Kraft des Herkommens bestätigten. Seine stärkste Ausprägung gewann der Wille, zu den vorrevolutionären Verhältnissen zurückzukehren, in Nidwalden; dort stieß sogar der Bundesvertrag von 1815 auf Ablehnung und musste durch Entsendung von Truppen und Neubesetzung der Führungsämter durchgesetzt werden. Bizarre Formen nahm die Hinterlegung der Verfassungsurkunde in den beiden Appenzell an. Hier fügte der Rat ebenso heimlich wie eigenmächtig Artikel hinzu, welche seine Kompetenzen vermehrten. Auch wenn diese Zusätze in eigener Sache nach Aufdeckung des Skandals rückgängig gemacht wurden, zeigt die Affäre, wieviel kaum kontrollierte Macht in den Händen der Obrigkeit lag; zudem vermochte diese die Entscheidungsfindung der Landsgemeinde, die weiterhin kein eigenes Initiativrecht besaß, meistens mehr oder weniger diskret in die gewünschten Bahnen zu lenken. Von einer Gewaltenteilung konnte überdies keine Rede sein; legislative, exekutive und judikative Funktionen blieben bunt vermischt, in liberalen Augen eine Todsünde gegen den Geist Montesquieus.

Selbstbewusstsein durften die Eliten der ländlichen Orte hingegen aus dem romantischen Zeitgeist schöpfen, der in ihren

Einrichtungen die vollendete Ausprägung des schweizerischen «Volksgeistes» sah. Die Idealisierung der Bergregionen und ihrer Bewohner zog sich bereits wie ein roter Faden durch das 18. Jahrhundert. Beginnend mit Albrecht von Hallers großem Gedicht *Die Alpen* (1732) wurden sie zum Hort einfacher, unverbildeter menschlicher Tugenden verklärt und zum sittenreinen Gegenbild der verdorbenen Städte erhoben, eine Tendenz, die mit Rousseaus *Julie ou la nouvelle Héloise* (1761) einen Höhepunkt erreichte. In diesem Briefroman, der das aufgeklärte Europa die Macht der Gefühle lehrte, wurde die heroische Landschaft um den Genfer See zum Refugium, in das sich schöne Seelen vor der Entfremdung durch die Zivilisation retteten, und zugleich zum Spiegel edler und tragischer Leidenschaften. Für die europäische Romantik und ihre herausragenden Vertreter wie Lord Byron und die Shelleys wurden die teils lieblichen, teils schroffen Gestade zum Pilger- und Inspirationsort: Vorboten eines in den nachfolgenden Jahrzehnten aufblühenden Tourismus.

Trat hinter der Verklärung des einfachen Hirtendaseins das alte Selbstbild der Eidgenossenschaft in säkularisierter Form hervor, so hatte sich ab 1798 aus derselben Matrix des erwählten Volkes ein neues, politisiertes Konzept der Nation herausgeformt: die Schweiz als Gesinnungsnation, die Unterschiede der Völkerschaften, Sprachen und Kulturen überbrückte und deren Zusammenhalt das Bekenntnis zu Freiheit, Recht und staatsbürgerlicher Gleichheit bildete. Dieses Modell war durch die Universalität seiner Werte für sympathisierende Neuankömmlinge offen. Wer sich ihnen wie der seit der Helvetik auf eidgenössischem Boden aktive Sachse Heinrich Zschokke verschrieb, wurde problemlos zum Eidgenossen; als fruchtbarer Schriftsteller um moralische sowie religiöse Volkserziehung bemüht und auch als Politiker erfolgreich, repräsentierte Zschokke den Typus des Honoratioren-Liberalen der ersten Jahrhunderthälfte mit der ganzen Bandbreite seiner Ideen und Aktivitäten.

Aber auch die altständische, auf Teilhabe an aristokratischer Ehre gegründete Vorstellung von der Schweizer Nation blieb nach 1815 lebendig. Ihren beredtesten Ausdruck fand sie in Thorvaldsens Denkmal für die beim Sturm auf die Tuilerien gefallenen Schweizer in Luzern (1821). Der von einem Pfeil getroffene sterbende Löwe verkörpert Fides und Virtus, Treue und Standfestigkeit der Eidgenossen, die ihren Herrn, den französischen König, unter Opferung ihres Lebens verteidigten, als ihn seine Landsleute samt und sonders im Stich gelassen hatten. Die Botschaft des Monuments spannte so den Bogen zwischen ferner Vergangenheit und restaurativer Gegenwart: Die Ehre der Schweizer ist unverlierbar und unantastbar, sie bewahren überzeitliche Werte in der irregehenden Zeit der Revolutionen.

Konservatismus, Liberalismus und demokratischer Radikalismus, die drei Hauptströmungen der Schweizer Politik im 19. Jahrhundert, fügen sich in den Rahmen der europäischen Geschichte ein und weisen innerhalb dieses Spektrums zugleich einige geschichtlich bedingte Eigentümlichkeiten auf. Zum einen bildeten restaurative Überzeugungen und die Vorstellung vom Volk als aktivem Souverän nur in den Landsgemeindekantonen eine ideologische Einheit, überall sonst aber schroffe Gegensätze. Zum anderen gewann der schweizerische Liberalismus aufgrund der Verfassungswirklichkeit in den verschiedenen Kantonen eigenständige Stoßrichtungen. Im Gegensatz zu restaurativen Staaten wie Preußen, Österreich und Sardinien-Piemont waren Hauptpunkte des gemeinliberalen Credos wie Rechtsgleichheit, Gewaltenteilung auf der Grundlage ausgearbeiteter Verfassungsurkunden, Führung des Volkes bzw. Leitung der Politik durch eine gebildete Honoratiorenschicht hier zumindest partiell eingelöst. Hauptfeindbild dieses evolutionär ausgerichteten, moderat optimistischen Geschichts- und Menschenbildes waren daher nicht wie in Deutschland absolutistische Fürsten und ihre machthungrigen Minister, sondern rückwärtsgewandte Kleriker und ihre «ultramontane» Loyalität; als Feinde des Fortschritts, der diesen be-

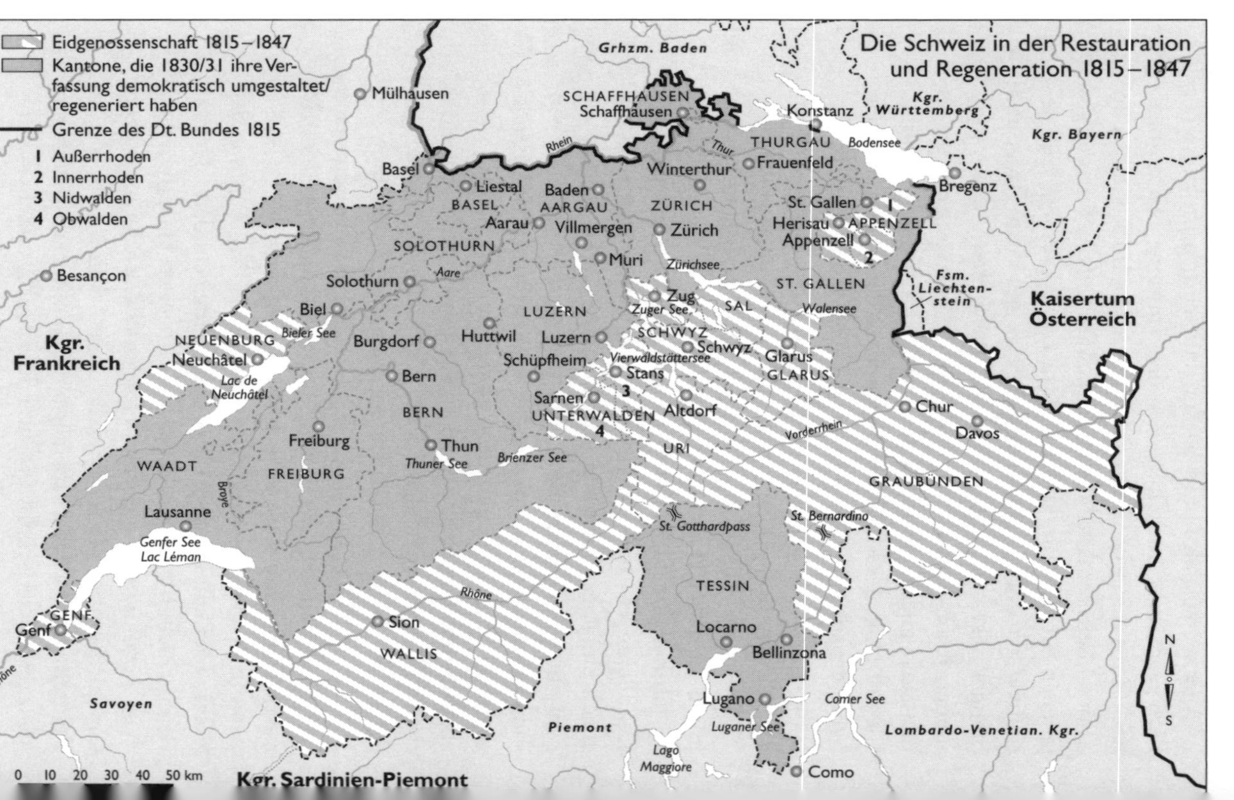
Die Schweiz in der Restauration
und Regeneration 1815–1847
Eidgenossenschaft 1815–1847
Kantone, die 1830/31 ihre Verfassung demokratisch umgestaltet/regeneriert haben
Grenze des Dt. Bundes 1815
1 Außerrhoden
2 Innerrhoden
3 Nidwalden
4 Obwalden
Grhzm. Baden
Kgr. Württemberg
Kgr. Bayern
Kaisertum Österreich
Fsm. Liechtenstein
Kgr. Frankreich
Lombardo-Venetian. Kgr.
Kgr. Sardinien-Piemont
Piemont
Savoyen
Mülhausen
Besançon
Basel
Liestal
BASEL
SCHAFFHAUSEN
Schaffhausen
Rhein
Konstanz
Bodensee
Bregenz
THURGAU
Thur
Frauenfeld
Winterthur
ZÜRICH
Zürich
Zürichsee
AARGAU
Baden
Aarau
Villmergen
Muri
SOLOTHURN
Solothurn
Aare
St. Gallen
Herisau
APPENZELL
Appenzell
ST. GALLEN
Walensee
SAL
Zug
Zuger See
LUZERN
Luzern
Huttwil
Schüpfheim
SCHWYZ
Schwyz
Vierwaldstättersee
Stans
Sarnen
UNTERWALDEN
Altdorf
URI
Glarus
GLARUS
Chur
Davos
Vorderrhein
GRAUBÜNDEN
St. Bernardino
St. Gotthardpass
TESSIN
Locarno
Bellinzona
Lugano
Luganer See
Lago Maggiore
Comer See
Como
NEUENBURG
Neuchâtel
Lac de Neuchâtel
Biel
Bieler See
Burgdorf
Bern
BERN
Thun
Thuner See
Brienzer See
Freiburg
FREIBURG
Broye
WAADT
Lausanne
Genfer See
Lac Léman
GENF
Genf
Rhône
Sion
WALLIS
N
S
0 10 20 30 40 50 km

schleunigenden Wissenschaften und der Nation rückten sie zunehmend ins Blickfeld. Von den verschiedenen Strömungen des Liberalismus hoben sich die Radikalen dadurch ab, dass sie anstelle des Zensuswahlrechts die umfassenden Volksrechte im Sinne einer männlichen Wahlrechtsdemokratie forderten und, als diese 1848 Wirklichkeit geworden war, eine weiterreichende Demokratisierung in Form von Plebisziten, also eine unmittelbare Kontrolle und Rückbindung des Parlaments an den Volkswillen, auf ihre Fahnen schrieben. In der tagespolitischen Diskussion allerdings schliffen sich der Begriff «radikal» und sein Quasi-Synonym «freisinnig» oft genug zu reinen Reiz- oder Schlagworten mit beträchtlicher Unschärfe ab.

Betätigungsort und Reservoir liberaler Gesinnungen im Zeitalter der Restauration wurden Vereine und Verbände: Schützen, Sänger, Studenten und Turner organisierten darin eine spezifische Form von Geselligkeit, die im Zeichen einer von oben erzwungenen Politikferne Formen eines neuen sozialen Zusammenlebens erprobte und dadurch politische Gegenwelten aufzeigte. Speziell die großen Schützenfeste wurden zu nationalen Schmelztiegeln bürgerlicher Prägung. So welkte die Ära Metternich in der Schweiz relativ früh. Die französische Julirevolution des Jahres 1830 lieferte den Anstoß für den Sturz der Restaurationsregime in zehn Kantonen, darunter Zürich, Bern und Luzern. Die in diesen «regenerierten», d. h. neu erstandenen, Kantonen in Kraft getretenen Verfassungen waren Mischprodukte aus liberalen und demokratischen Zutaten; in der Regel wurde das allgemeine männliche Wahlrecht durch einen relativ niedrigen Zensus beschränkt. Allerdings gelang dieser gleitende Übergang keineswegs überall. Im Wallis, in Neuenburg und Schwyz wurde die liberale Bewegung mit Gewalt zurückgedrängt, in Basel kam es nach blutigen Auseinandersetzungen zwischen Stadt und Land 1833 zur Trennung in die zwei Halbkantone Basel-Stadt und Basel-Landschaft.

1832/34 versuchten die liberal regierten Kantone eine Gesamtrevision des Bundesvertrags durchzusetzen – wie unschwer vorhersehbar ohne Erfolg. Stattdessen wurde dadurch, wie bei solchen Initiativen seit langem üblich, Öl ins Feuer gegossen, das heißt die katholisch konservative Seite fühlte sich provoziert. So bildeten sich anstelle einer neuen Gesamtordnung Sonderbünde, von denen der Zusammenschluss der «regenerierten» Kantone Anstoß in Wien erregte. Als besonders gravierend wurde in der Hofburg vermerkt, dass die liberale Schweiz radikalen Flüchtlingen wie dem sozialistischen Nationalrevolutionär Giuseppe Mazzini aus Genua ein Refugium bot, der von dort aus für sein «Junges Europa» im demokratischen Geiste missionieren konnte. Zum diplomatischen Ärgernis wurde auch die Kirchenpolitik. Dabei war die Strategie der liberalen und radikalen Kräfte darauf gerichtet, die katholische Kirche vollends zu einer dem Staat unterstellten Behörde herabzudrücken. Doch diente die antiklerikale Propaganda mindestens ebenso sehr dazu, durch Feindbilder zu emotionalisieren und so die allmählich bröckelnde Führungsposition der politischen Klasse zu festigen. In Zürich und Luzern nämlich hatten 1839 bzw. 1840/41 die Gegensätze zwischen den Liberalen in der Stadt und den konservativen Kräften auf dem Land einen Regimewechsel zur Folge gehabt, durch den die Konservativen an die Macht gelangt waren. In Luzern führte dieser Umschwung sogar eine Verfassungsänderung herbei, und zwar im Sinne eines Ausbaus der direkten Demokratie. Vor diesem Hintergrund schienen die Urängste der aufgeklärten Reformer, dass Demokratie im ländlichen Milieu ein Synonym für die Rückkehr zu den alten Verhältnissen bedeute, Wirklichkeit zu werden. Die liberale Regierung des Kantons Aargau, die eine ähnliche Bewegung des katholischen Bevölkerungsanteils soeben unterdrückt hatte, hob daraufhin 1841 die Klöster als Horte des Aufruhrs auf.

Dieser Bruch des Bundesvertrages hatte nur halbherzige Reaktionen der Tagsatzung zur Folge, entfachte jedoch einen umso heftigeren Krieg der Weltanschauungen. In diesem Ringen lieferte Luzern, wo das Volk zusammen mit der Verfassung die

Berufung der Jesuiten an die oberste Lehranstalt gut geheißen hatte, den liberalen Gegnern unfreiwillig die zündende Parole. In Gestalt der Societas Jesu nämlich gewannen die liberalen und radikalen Strömungen ein gemeinsames, die zahlreichen Divergenzen überbrückendes Feindbild. Die Verdunkelung der Vernunft, ja die Schwächung der Nation durch die perfiden Agenten des Obskurantismus bildete ein unerschöpfliches Thema auch für Literaten vom Range eines Gottfried Keller und Jeremias Gotthelf. Wie 1798 nahm die Auseinandersetzung zwischen Liberalen und Konservativen die Züge eines frühen Kulturkampfes an; die konfessionell-politischen Konflikte des 16. und 17. Jahrhunderts schienen in halbsäkularisierter Form wieder aufzuerstehen. Obwohl es, zumindest offiziell, nicht mehr primär um ein religiöses Wahrheitsmonopol oder Heilserwerb, sondern um die der Nation angemessene Ausrichtung der Politik und der Erziehung ging, lebte unterschwellig viel von der endzeitlichen Erregung älterer Auseinandersetzungen fort. Und wie 1531, 1656 und 1712 wurde auf diese Weise ein starkes Gewaltpotential freigesetzt.

1844 und 1845 zogen «Freischaren» der liberalen Jesuitengegner gegen Luzern. Brach das erste Unternehmen rasch zusammen, so endete der zweite Zug mit einer regelrechten Schlacht, in der mehr als einhundert Freischärler fielen. 1800 von ihnen gerieten in Gefangenschaft, aus der sie erst nach Zahlung eines Lösegeldes von 350 000 Franken entlassen wurden – auch das ein frühneuzeitlich anmutendes Prozedere. Die Konfrontation eskalierte weiter, als im Juli 1845 einer der Anführer der konservativen Luzerner, Joseph Leu, in seinem Haus ermordet wurde. Im Dezember desselben Jahres schlossen sich Luzern, Uri, Schwyz, Unterwalden, Zug, Freiburg und Wallis zu einem katholischen Schutzbund mit eigenem Kriegsrat zusammen, der wie seine Vorgänger bei den katholischen Vormächten Europas Rückhalt suchte. Was den Liberalen die Jesuiten, waren den Katholiken die Freimaurer. Verschwörungstheorien prägten die Wahrnehmung der Gegenseite – und bauten Tabus ab. Wenn der Andersdenkende von den Kräften des Bösen inspiriert war, dann musste Gewalt zur Anwendung gelangen: zum Schutz des Rechts gegen zu allem entschlossene Rechtsbrecher, zum Besten der Nation, doch letztlich auch zum Vorteil des Gegners selbst.

Um dieselbe Zeit, zwischen Februar 1845 und Oktober 1846, kamen in der Waadt, in Bern und in Genf die Radikalen an die Macht. Als dann im Mai 1847 Liberale und Radikale die Wahlen in St. Gallen gewannen, vereinigten sie dreizehn Stimmen an der Tagsatzung auf sich. Mit dieser Mehrheit wurde der katholische Sonderbund vom Dezember 1845 am 20. Juli 1847 für bundeswidrig und aufgehoben erklärt. Als am 3. September zusätzlich der Aufenthalt von Jesuiten auf Schweizer Boden verboten wurde, war der innere Krieg unabwendbar. Im Vorfeld suchte der Luzerner Schultheiß und Vorsitzende des Sonderbund-Kriegsrates Kontantin Siegwart-Müller Rückhalt bei der konservativen Vormacht Österreich, doch auch bei Frankreich und dem Königreich Sardinien. Ganz im Geiste Karl Ludwig von Hallers sah er in der Reformation mit ihrer Auflehnung gegen gottgegebene Autorität den Urgrund allen Aufruhrs. Zu dessen Eindämmung müssten nach einem siegreichen Ausgang des Konflikts von den reformierten Kantonen Gebiete abgetreten werden, die es den Katholiken erlaubten, ein zusammenhängendes Territorium innerhalb der Eidgenossenschaft zu bilden.

Die Radikalen hingegen wollten den Krieg, um nach der Niederwerfung der konservativen Kräfte einen Nationalstaat zeitgemäßen Zuschnitts zu verwirklichen. Im Herbst 1847 sprachen schließlich die Waffen. Der am 24. Oktober 1847 von der Tagsatzungsmehrheit zum General gewählte Genfer Guillaume-Henri Dufour führte seine zahlenmäßig überlegenen Truppen mit dem Ziel, Blutvergießen möglichst zu vermeiden. Dies gelang über alle Erwartungen hinaus. Schon am 14. bzw. 24. November kapitulierten die katholischen Städte Freiburg und Luzern. Und mit 104 Todesopfern forderte der Krieg einen relativ geringen Blutzoll. Eine politische, weltanschauliche oder gar konfessionelle Befriedung konnte er jedoch nicht herbeiführen. Die besiegte und gedemütigte katholische Schweiz hatte ihren Platz in einem Staatswesen zu suchen, das einstweilen nicht das ihre war. Dementsprechend grenzte sie sich von Gesellschaft und Kultur der liberal-radikalen Sieger ab. Wie diese in den Jahrzehnten nach 1815 organisierte sie sich mit ausgeprägten Zügen einer Sondergesellschaft und -kultur in Vereinen; mit den dazu gehörigen Presseorganen bildete sich so eine weitgehend geschlossene katholische Lebenswelt. Doch zeigte sich bald, dass sich die Einrichtungen des neuen Staates auch in katholisch-konservativem Sinne und gegen ihre Schöpfer verwenden ließen; ein langsamer Prozess der Integration war eingeleitet.

12.

Mehr Demokratie wagen (1848–1919)

Die Sieger gingen unverzüglich daran, ihren Erfolg in eine neue Ordnung des Bundes umzusetzen. Bei den Beratungen über die neue Verfassung blieben die alten Abgrenzungen zwischen den weltanschaulichen und politischen Gruppierungen jedoch erhalten. Die Konservativen hofften, soviel Föderalismus wie möglich zu retten und damit die Souveränität der Kantone im Kern zu bewahren, die Radikalen setzten auf das Prinzip der unmittelbaren Volkssouveränität in einem Einkammer-Einheitsstaat. So kam die liberale Mitte zum Tragen. Die Ausarbeitung der neuen Konstitution begann am 17. Februar 1848 – fünf Tage bevor in Paris das kontinentale Revolutionsjahr eingeläutet wurde. Der am Ende der Beratungen gefundene Kompromiss wies ungeachtet aller Vorbilder in den USA und Europa eigenständige Lösungen auf.

Die Legislative bestand aus zwei Kammern. Der Nationalrat wurde auf der Grundlage des allgemeinen männlichen Wahlrechts bestimmt; dabei kam ein Abgeordneter auf 20 000 Bürger. Im Ständerat hingegen blieb die Geschichte lebendig. Hier hatten je zwei Vertreter pro Kanton (bzw. einer pro Halbkanton) Einsitz, unabhängig von Größe und Einwohnerzahl. Die Bundesversammlung aus beiden Kammern wählte den siebenköpfigen Bundesrat, der als Kollegialbehörde amtierte, doch de facto in (rotierende) Einzelressorts aufgeteilt war; Bundesräte hatten sich nach Ablauf ihrer Amtsdauer von drei (später vier) Jahren einer Wiederwahl zu stellen, die selten verweigert wurde. Die Bundesversammlung bestimmte zudem für ein Jahr den Bundespräsidenten, der als Primus inter pares den Vorsitz des Kollegiums innehatte und die Schweiz nach außen vertrat; bis 1920 war der Bundespräsident meistens Vorsteher des Politischen Departements, d.h. Außenminister.

Einzigartig im Rahmen der europäisch-atlantischen Verfassungsentwicklung war (und ist) die Stellung des Bundesrats zum Parlament. Die Wahl seiner Mitglieder hing gewiss insofern von den Mehrheitsverhältnissen der Parteien ab, als sich diese in der Bundesversammlung widerspiegelten. Doch hatten die Resultate der Nationalratswahlen keineswegs notwendigerweise unmittelbare Auswirkungen auf die Zusammensetzung der obersten Exekutivbehörde, die vielmehr nach dem besonderen Prinzip einer Partei- und Persönlichkeitswahl zugleich vonstatten ging. Darin zeichnete sich das Bemühen ab, die herausragende Stellung einzelner Führungspersönlichkeiten durch Einbindung in ein Kollegium im Keim zu ersticken. Zum anderen war das Bestreben unverkennbar, dem höchsten nationalen Regierungsorgan eine möglichst unangefochtene Position über dem Getümmel der Parteien zukommen zu lassen – auch das ein historischer Reflex, ja bezogen auf die Erfahrungen der Helvetik geradezu eine Lehre aus der Geschichte.

Die Bundesverfasssung wurde bis September 1848 von 15 1/2 der 22 Kantone angenommen und trat daraufhin durch Beschluss der Tagsatzung in Kraft. Gemessen an den Prinzipien von 1815 und den älteren eidgenössischen Traditionen, die Einstimmigkeit voraussetzten, bedeutete das einen revolutionären Bruch des geltenden Rechts. Widerstand gegen diesen Fait accompli jedoch blieb aus; zu hegemonial war die Stellung der liberalen und radikalen Sieger. Zudem erwies sich die Verfassung als entwicklungsfähig; so waren nach Artikel 111 Revisionen und nach Artikel 113 sogar Revisionsbegehren vorgesehen. Das Recht zur Totalrevision wurde 1891 durch das Initiativrecht zur Teilrevision ergänzt. Zur Akzeptanz trug nicht zuletzt eine wohl dosierte Unbestimmtheit bei. So wurden die Kantone in Artikel eins als souverän, in Artikel drei hingegen nur insoweit als souverän bezeichnet, als diese Souveränität nicht durch die Bundesverfassung beschränkt wurde. Diese sibyllinischen bzw. salomonischen Formulierungen ließen Gestaltungsfreiräume offen. Aufgefüllt wurden sie in der Folgezeit überwiegend zugunsten des Bundes. Dieser war 1848 mit bescheidenen Kompetenzen bedacht worden; seine Zuständigkeit erstreckte sich einstweilen auf die äußere wie die innere Sicherheit und damit auf Außen- und Militärpolitik sowie auf Zoll-, Münz- und Postangelegenheiten.

Das geltende Mehrheitswahlrecht verschaffte der freisinnigen Parteiengruppierung von Liberalen und Radikalen siebzig Jahre lang sichere Mehrheiten in beiden gesetzgebenden Kammern. Auf kantonaler Ebene aber fächerte sich das Spektrum der regierenden Kräfte schon im nachfolgenden Jahrzehnt stärker auf. So wurden in Freiburg und im Wallis radikale Minderheitenherrschaften auf demokratischem Wege durch konservative Regierungen abgelöst. Auch wenn es 1855 im Tessin noch zu einem gewaltsamen Putsch der Liberalen gegen ihre radikalen und konservativen Gegner kam, standen die Zeichen langfristig auf Interessenausgleich. Voraussetzung dafür war zum einen, dass in einzelnen Kantonen wie Bern und Luzern Vertreter der politischen Minderheit in die Regierungen kooptiert wurden. Zum anderen trug der sich in den 1860er Jahren verschärfende Gegensatz zwischen den Liberalen und den Radikalen eines neuen Typus langfristig zur Überwindung der traditionellen Antagonismen bei. Letztere nämlich waren der Motor einer Verfassungsrevision, die 1874 den nationalstaatlichen Zusammenhalt festigte und die Demokratisierung vorantrieb. So erhielt der – finanziell gestärkte – Bund zusätzliche militärische Befugnisse sowie erweiterte Zuständigkeiten im Bereich der Justiz (permanentes Bundesgericht mit Sitz in Lausanne) und in der Schulpolitik. Die folgenreichste innere Umgestaltung aber war die Einrichtung des fakultativen Referendums für Bundesgesetze und allgemeinverbindliche Bundesbeschlüsse. 30 000 Stimmbürger oder acht Kantone konnten darüber künftig Volksabstimmungen erzwingen. Auf diese Weise wurde die politische Führungsschicht stärker als in irgendeinem anderen europäischen Land der Kontrolle von Plebisziten unterstellt. Zur Integration des katholischen Bevölkerungsanteils trug die Demokratisierung von 1874 dadurch bei, dass jetzt konservative Referenden Gesetzesvorhaben der freisinnigen Mehrheit blockieren konnten – siebzehn Jahre bevor diese der Wahl eines Vertreters der katholisch-konservativen Minorität, des Luzerners Josef Zemp, in den Bundesrat zustimmte.

Doch bis dahin war es noch ein weiter und dorniger Weg. Denn auch in seinen Kirchenartikeln verleugnete die Verfassungsrevision ihre radikale Handschrift nicht. So wurde die restriktive Gesetzgebung gegen Jesuiten und Klöster verschärft; die Schaffung neuer Bistümer hing jetzt von der Genehmigung des Bundes ab. Diese Bestimmungen spiegelten das Klima des Kulturkampfs wider, der wie in Deutschland durch die Unfehlbarkeitserklärung des Ersten Vatikanischen Konzils 1870 angefacht wurde, doch in einer markanten Traditionslinie zu den Auseinandersetzungen der 1840er Jahre, ja letztlich zu den Konfrontationen von 1798/99 stand. Der Schweizer Kulturkampf kumulierte 1873 mit der Ausweisung des apostolischen Vikars von Genf, Gaspard Mermillod, der Absetzung des Bischofs von Basel und der Suspendierung mit ihm sympathisierender Priester. Danach aber verlor das antikatholische Feindbild unaufhaltsam an Einbindungskraft.

Dazu trug die wirtschaftliche und soziale Entwicklung entscheidend bei. Die schon um 1800 weit vorangetriebene Industrialisierung beschleunigte sich nach 1848, wozu die Wirtschaftspolitik des jungen Bundesstaates beitrug. Ihre Gesetzgebung begünstigte durch Schaffung eines einheitlichen Binnenmarkts und Liberalisierung die Entfaltung großer Kapitalgesellschaften – und großer Kapitalisten wie des Zürchers Alfred Escher. Sein vorrangiges Betätigungsfeld fand dieser Finanzmagnat im seit 1852 privatisierten Eisenbahnbau,

Die Herren mit den Zylindern sind von der politischen Polizei: Sie haben einen Ausweisungsbefehl für den apostolischen Vikar von Genf, Monsignore Gaspard Mermillod. Im Zeichen des Kulturkampfs ist der Geistliche, der ein katholisches Bistum Genf einrichten soll, 1873 zur unerwünschten Person geworden.

der mit der 1882 unter starker ausländischer Kapitalbeteiligung fertig gestellten Gotthardlinie ein viel bewundertes Paradestück modernster Ingenieurkunst vorweisen konnte. Innenpolitisch aber waren Eisenbahnfragen eine heikle Materie. So trat der wohl einflussreichste Bundesrat der Schweizer Geschichte, der freisinnige Emil Welti, 1891 nach einem Referendum gegen eine Verstaatlichung zurück, die sieben Jahre später dennoch zustande kam. 1856 und 1860 kam es mit Preußen und Frankreich wegen Neuenburg bzw. alter schweizerischer Ansprüche auf Savoyen zu außenpolitischen Krisen.

Wie überall im industrialisierten Europa bildeten sich auch in der Schweiz Arbeiterorganisationen eines neuen Typs, die ältere Verbände wie den 1838 gegründeten national-reformistischen «Grütliverein» auch programmatisch ablösten. So wurde 1880 der Allgemeine Gewerkschaftsbund und acht Jahre später die Sozialdemokratische Partei der Schweiz gegründet. Obwohl

Innovative Schweiz, abseits des Touristenstroms:
Moderne Maschinen in funktional gestalteten Fabriken wie hier in Winterthur machten die Schweiz ab der Mitte des 19. Jahrhunderts zu einer der führenden Industrienationen Europas.

sie mit klassenkämpferischen Zielsetzungen marxistischer Prägung antrat, gewann die neue Partei ein im europäischen Vergleich eher gemäßigtes Profil und wurde dadurch auch für linksbürgerliche Kreise attraktiv. Die insgesamt moderate Ausrichtung ist vor dem Hintergrund der besonderen Schweizer Verhältnisse zu sehen. Hier waren die Arbeiterorganisationen nicht mit einem – zumindest phasenweise sehr repressiven – Machtstaat wie in Preußen, sondern mit einem politischen System konfrontiert, dessen demokratischer, den (männlichen) Volkswillen respektierender Charakter letztlich außer Frage stand.

Dennoch hat das bürgerliche Lager auf die Herausforderung von links wie in anderen Ländern reagiert, nämlich durch Ausgrenzung der «Systemfeinde» und Zusammenrücken der alten Parteien, das heißt durch Annäherung von Liberalen und Konservativen, Reformierten und Katholiken. Die Wahl Zemps in den Bundesrat war in dieser Hinsicht ein Signal. Zudem verwandelten sich jetzt die lockeren Honoratiorenverbände der Mitte und der Rechten in Parteien neuen Zuschnitts. Im selben Jahr 1894 wurden die Freisinnig-Demokratische Partei als Sammelbecken der staatstragenden Kräfte und die Katholische Volkspartei (ab 1912 Schweizerische Konservative Volkspartei) als Organ ihrer alten, inzwischen sehr viel staatsnäheren Gegner gegründet.

Als einzige (männliche Wahlrechts-)Demokratie in Europa vor Gründung der Französischen Republik 1870 nahm die Schweiz im Europa der Monarchien und des aggressiven Imperialismus eine konstitutionelle Sonderstellung ein. Anfeindungen zog sie vor allem durch ihre Asylpolitik auf sich, durch die schon nach den gescheiterten Revolutionen der Jahre 1848/49 verfolgte Künstler wie Richard Wagner und Gottfried Semper ein stimulierendes Refugium auf eidgenössischem Boden fanden. Doch nicht nur Berufsrevolutionäre wie Lenin oder Rosa Luxemburg, sondern auch durch die stürmische Industrialisierung benötigte Arbeitskräfte wanderten ein. Kurz vor dem Ersten Weltkrieg war jeder siebte Bewohner der Schweiz Ausländer, eine europäische Spitzenquote.

Der Ausbruch des Ersten Weltkriegs im August 1914 musste eine Nation mit Deutsch, Französisch und Italienisch als Landessprache vor eine innere Zerreißprobe stellen. Kritisch wurde die Situation dadurch, dass der militärische Oberkommandierende Ulrich Wille ausgeprägter Sympathien für die Achsenmächte Deutschland und Österreich-Ungarn verdächtig war; für viele verkörperte er einen preußenfreundlichen Offizierstyp, der mit machtstaatlichen Weltanschauungen liebäugelte. Die Empörung in der Romandie, der französischsprachigen Westschweiz, wurde dadurch gesteigert, dass zwei Offiziere des schweizerischen Generalstabs, die den Achsenmächten militärische Informationen zukommen ließen, ohne militärgerichtliche Verurteilung mit disziplinarischen Konsequenzen davonkamen. Als Neutralitätsbruch zum Nachteil der Alliierten interpretiert wurde von dieser Seite auch die eigenmächtige Initiative des schweizerischen Außenministers Arthur Hoffmann im Mai und Juni 1917, die auf einen Frieden zwischen Russland und Deutschland abzielte, doch nur dessen Rücktritt zur Folge hatte.

Während der Kriegsjahre war das Hauptproblem des – mit starken Vollmachten ausgestatteten – Bundesrats die wirtschaftliche Versorgung des nach dem Kriegseintritt Italiens im Mai 1915 auf allen Seiten vom Krieg eingeschlossenen Landes. Sie wurde durch Abkommen mit den kriegführenden Mächten sowie durch staatliche Kontrollinstitutionen sichergestellt. Dennoch nahm die Kaufkraft breiter Schichten beträchtlich ab; besonders schlecht gestellt waren die zum Schutz der Grenzen im Rahmen der – 1914 von allen Parteien einschließlich der Sozialdemokraten befürworteten – Landesverteidigung abgestellten Soldaten. Die sozialen Gegensätze spitzten sich zu, marxistische Gruppierungen links von der Sozialdemokratischen Partei glaubten die Stunde der Revolution, die in Russland geschlagen hatte, auch in der Schweiz nahe. Im November 1917 kam es in Zürich zu Unruhen, die vier Todesopfer forderten. Den Anstoß zu weiterer Eskalation gab der Streik der Zürcher Bankangestellten am 30. September und 1. Oktober 1918. Dass sich jetzt auch Angehörige «gehobener» Berufe mobilisieren ließen, schockierte die wirtschaftlich und politisch maßgeblichen Kreise. Anfang November, als sich in Deutschland der Sturz der Monarchie anbahnte, marschierte in Zürich und Bern Militär auf. Diese Demonstration der Macht wurde von der Führung der organisierten Arbeiterbewegung, dem Oltener Aktionskomitee, am 9. November mit Arbeitsniederlegungen in mehreren Ortschaften und nach Zuspitzung der Lage in Zürich mit einem unbefristeten Generalstreik ab dem 12. November beantwortet. Die meisten im Zusammenhang mit diesem «Landesstreik» gestellten Forderungen fielen moderat aus: Proporzwahl des Parlaments (das heißt: Sitze nach Stimmenanteilen), Alters- und Invalidenversicherung, 48-Stunden-Woche

Die Staatsmacht demonstriert Stärke:
Am 9. November 1918 formiert sich in Zürich eine berittene Truppe,
um dem organisierten Protest der Arbeiterschaft entgegenzutreten.
Drei Tage später beginnt der «Landesstreik», der ebenfalls
militärisch unterdrückt wird.

und Frauenstimmrecht; allein die Tilgung der Staatsschuld durch die Besitzenden hatte klassenkämpferischen Charakter. Verhandlungen mit der Zürcher Kantonalregierung gestalteten sich vielversprechend. Doch endete der Streik, der bei einer Beteiligung von etwa einem Drittel der Industriearbeiterschaft vor allem in Zürich und Winterthur seine stärksten Wirkungen erzielte, nicht mit einem Kompromiss, sondern durch Druck von oben. Der Bundesrat verstärkte die Truppenkontingente und verlangte die bedingungslose Einstellung der Aktionen. Diesem Ultimatum kam das Aktionskomitee in der Nacht zum 14. November nach. Die Linke hatte ihren Erinnerungsort, das rechtsbürgerliche Lager stellte behördlich legalisierte Milizen auf und war gesonnen, diesen Sieg über die organisierte Arbeiterschaft weidlich auszunutzen: So blieb die Stadt Zürich bis Juni 1919 militärisch besetzt. Ein als Reaktion darauf ausgerufener erneuter Generalstreik fand Anfang August 1919 keine größere Resonanz.

13.

Zwischen Faschismus, Nationalsozialismus und Zweitem Weltkrieg (1920–1945)

Vor dem Hintergrund von Massenentlassungen, Teuerung und rapidem Abbau von staatlichen Subventionsleistungen verhärteten sich erst einmal die sozialen und politischen Fronten. Dennoch fehlte es nicht an Zeichen der Entspannung. Schon 1919 wurden zwei Hauptforderungen des Landesstreiks, die 48-Stunden-Woche und, nach Volksabstimmung im Oktober 1918, das Proporzwahlrecht des Nationalrats (dem Zürich vorausgegangen war und weitere Kantone folgten), umgesetzt. Dieses hatte bei den Nationalratswahlen 1919 eine Umschichtung der Mehrheitsverhältnisse zur Folge. Konnte die Schweizerische Konservative Volkspartei ihren Anteil in etwa behaupten und zogen die Sozialdemokraten mit dieser gleich, so büßte das freisinnige «Gründerlager» von 1848 mit einem Rückgang von 105 auf 60 Abgeordnete seine hegemoniale Position unwiderruflich ein. Im selben Jahr gewannen die Katholisch-Konservativen ihren zweiten Sitz im Bundesrat, zehn Jahre später hielt dort ein Vertreter der Bauern- und Bürgerpartei Einzug. Ausgeschlossen vom obersten Exekutivgremium blieben weiterhin, obwohl 1935 stärkste Partei im Nationalrat, die Sozialdemokraten. Von diesen spaltete sich als Folge der Kontroverse über den Beitritt zur Dritten Internationale im März 1921 die Kommunistische Partei ab. 1925 wurde in einer Volksabstimmung die Schaffung einer Alters- und Hinterbliebenen-Versicherung (AHV) befürwortet und der Bundesrat mit deren Ausarbeitung beauftragt; endgültig zustande kam die AHV allerdings erst nach einem weiteren Plebiszit 1947.

Auch die Stellung der Schweiz in der Weltgemeinschaft erfuhr eine bedeutsame Veränderung. Mit der Gründung des Völkerbundes stellte sich das staatsrechtliche Problem, ob die Neutralität der Eidgenossenschaft mit der Mitgliedschaft in der neuen Organisation vereinbar sei. Die Lösung bestand in einer «differentiellen» Neutralität, die das Land von der Teilnahme an militärischen Sanktionen entband. Nach einem bewegten Wahlkampf, in dem Sozialdemokraten und Konservative dagegen argumentierten, votierten die Wähler sowie die Stände im Mai 1920 für die Aufnahme in das Forum der Weltgemeinschaft. Mit dem Aufstieg des Faschistenführers Benito Mussolini zum italienischen Ministerpräsidenten im Herbst 1922 tauchten neue Gefährdungen am Horizont auf. Hatten schon die radikalen Irredentisten Ende des 19. Jahrhunderts die Rückführung der «unerlösten» Gebiete, also auch des Tessins, zur Mutternation Italien gefordert, so mussten solche Parolen unter dem diktatorischen Regime des Duce erhöhte Durchschlagskraft gewinnen. Dementsprechend entgegenkommend gestaltete sich die schweizerische Außenpolitik unter der Führung des Tessiners Giuseppe Motta (Bundesrat von 1912 bis 1940). So erkannte die Schweiz 1936 Italiens völkerrechtswidrige Eroberung Äthiopiens an – im Widerspruch zu den Maßnahmen des Völkerbundes. Die Folge dieses Schritts war die Rückkehr zur integralen Neutralität im Mai 1938, die nicht einmal mehr zur Teilnahme an wirtschaftlichen Sanktionen verpflichtete.

Bedeutsame Veränderungen im Inneren hatte die Weltwirtschaftskrise zur Folge, deren Auswirkungen ab 1930 immer stärker spürbar wurden. Die staatlichen Hilfsmaßnahmen für Arbeitslose und krisenhafte Wirtschaftsbranchen dehnten die Kompetenzen des Bundesrates aus und verliehen diesem eine stärkere Stellung innerhalb des politischen Gefüges. Die neue Position schien einer ebenso starken wie diffusen Strömung des europäischen Zeitgeistes entgegenzukommen, die das Ende von

Liberalismus und Parlamentarismus und stattdessen im Namen des «Führerprinzips» eine Selektion der Besten außerhalb der demokratischen Institutionen, einen ständestaatlichen Aufbau im Inneren und eine mächtigere Exekutive forderte. Auftrieb erhielten solche Gruppierungen in der Schweiz 1933 durch die Machteroberung der Nationalsozialisten in Deutschland. In deren Fahrwasser bildeten sich verschiedene «Fronten» rechtsautoritärer Couleur, deren radikalste Elemente auch in der Schweiz einen mit diktatorischen Vollmachten auszustattenden «Landammann» forderten. Der «Frontenfrühling» war zwar nur kurz, wie sich an der Ablehnung des Antrags auf Totalrevision der Bundesverfassung 1935 zeigte, doch nicht ohne Auswirkungen auf das innenpolitische Klima. So hatten konservative Organisationen, die auf eine korporative Ordnung im Sinne katholischer Soziallehre abzielten, zeitweise mit den Fronten kooperiert.

Auf der anderen Seite entschärfte sich die Lage durch das Bekenntnis der Sozialdemokraten zur Landesverteidigung 1935 und das Friedensabkommen zwischen Arbeitgebern und Gewerkschaften in der Metall- und Uhrenindustrie 1937. Die im Jahr darauf erfolgende Anerkennung des Rätoromanischen als vierte Landessprache sowie die Landesausstellung von 1939 verliehen dem Grundsatz eines nicht auf «Blut und Boden», sondern auf einer supraethnischen Staatsbürgergesinnung beruhenden Nationalstaats symbolischen Ausdruck. Am 30. August 1939, zwei Tage vor Hitlers Überfall auf Polen, wählte die Bundesversammlung den Waadtländer Henri Guisan zum militärischen Oberkommandierenden; mit der Ernennung eines französischsprachigen Generals zog man die Lehre aus den Erfahrungen des Ersten Weltkriegs. Die bei Kriegsausbruch erlassenen Neutralitätserklärungen waren den Deklarationen des Jahres 1914 nachgebildet; sie sahen in kriegswirtschaftlicher Hinsicht die Gleichbehandlung aller kriegführenden Parteien vor.

Die Wirklichkeit allerdings sah anders aus. Nach dem Sieg des nationalsozialistischen Deutschlands über Frankreich und dem Kriegseintritt Italiens im Juni 1940 war die Schweiz, im Unterschied zum Ersten Weltkrieg, ganz von den Achsenmächten eingeschlossen. Die Frage, warum Hitler die zeitweise erwogene militärische Eroberung der Schweiz nicht angeordnet hat, ist bis heute legendenumrankt. Ein verbreiteter Mythos besagt, dass solche Absichten durch die feste Verteidigungshaltung, wie sie in General Guisans «Rütlirapport» am 25. Juli 1940 und der Strategie einer Bastionsbildung («Réduit») im Alpenraum zum Ausdruck kam, gegenstandslos geworden seien. Die Gegenposition geht davon aus, dass sich die Eidgenossenschaft ihre Unversehrtheit durch mancherlei Dienste finanzwirtschaftlicher Art sowie bei der Beschaffung von Nachschub erkauft habe.

Die Hegemonie des nationalsozialistischen Deutschlands in Europa ab 1940 blieb nicht ohne Folgen für die Haltung der politischen Führungsschicht. Unter dem Eindruck von Hitlers militärischen Erfolgen verkündete der neue Außenminister (und Bundespräsident) Pilet-Golaz in einer Radioansprache, dass Europa ein gänzlich neues Gleichgewicht finden müsse, zu dem der Völkerbund nichts Wesentliches beizutragen vermöge. Diese Sätze wurden als Einverständnis mit einer deutschen Vorherrschaft über den Kontinent ausgelegt. Unmissverständlich waren in jedem Fall die daraus von Pilet-Golaz abgeleiteten Konsequenzen für die Schweiz selbst: Das Volk solle seinen verantwortungsbewussten Führern vertrauensvoll folgen und seine Energien auf die Wirtschaft konzentrieren. Liberale und Linke zogen daraus den Schluss, dass eine Abschaffung der Demokratie und die Einrichtung eines paternalistisch-autoritären Regimes geplant sein könnte. Ähnliche Tendenzen glaubten sie in Produkten der «geistigen Landesverteidigung» wahrzunehmen, die in ihren Propagandatexten stark die traditionellen Ideale von Heim, Herd und Familie betonte. In diesem Sinne wurden überdies – den Vorstellungen des Agronomen und späteren Bundesrats Friedrich Traugott Wahlen gemäß – «Anbauschlachten» propagiert, die zur Sicherung der Lebensmittelversorgung beitragen sollten; Gemüse spross jetzt sogar in den

Aufruf zur Anbauschlacht:
Während der größte Teil Europas im Elend und Chaos des Zweiten Weltkriegs versank, kämpfte die Schweiz um Versorgungs-Autarkie. Hier werden in der Zürcher Innenstadt Kartoffeln gepflanzt.

Gärten des Bundeshauses. Die angestrebte Autarkie vermochten die Kampagnen jedoch nicht herbeizuführen. Im Zeichen des sozialpolitischen Burgfriedens wurde 1943 mit Ernst Nobs, seinerzeit einer der Organisatoren des Landesstreiks, der erste Sozialdemokrat in den Bundesrat gewählt.

Der Vorrang der Ökonomie hatte noch eine andere, nach außen gewandte Dimension. Eine vollständige Abschnürung von Importen hätte den Zusammenbruch der industriellen Produktion in der Schweiz zur Folge gehabt. Um deren Fortführung zu garantieren, waren weitreichende Gegenleistungen zu erbringen; die daraus resultierende ökonomische und finanzielle Verflechtung mit Deutschland ist in ihrer Komplexität und Intensität erst spät hervorgetreten. So gewährte die Schweiz Deutschland Kredite, die auch zum Kauf von Waffen dienten. Die gleichzeitig aufrechterhaltenen Handelsbeziehungen mit den Alliierten konnten nicht verhindern, dass die Eidgenossenschaft nach 1945 von den Siegern als Kriegsprofiteur

Bomben auf die neutrale Schweiz:
Am 1. April 1944 kostete ein fehlgeleiteter Luftangriff in Schaffhausen vierzig Menschen das Leben.

angeprangert wurde. Nach langer Verdrängung durch offizielle Stellen und nachfolgender Sensibilisierung der Öffentlichkeit wurden die dadurch aufgeworfenen Fragen in den 1990er Jahren durch zwei Kommissionen, eine unter der Federführung des ehemaligen US-amerikanischen Notenbankchefs Paul Volcker, die andere unter der Leitung des in Zürich lehrenden Historikers Jean-François Bergier umfassend untersucht. Demnach ließen sich knapp 54 000 Konten auf Schweizer Banken ausfindig machen, bei denen Beziehungen zu Opfern des Holocaust nachzuweisen oder anzunehmen waren. Der Umgang der Geldinstitute mit diesen Guthaben wurde von der Volcker-Kommission scharf kritisiert. Entschädigungen wurden den Opfern von einem Tribunal zugesprochen.

Den Goldfluss von Deutschland in die Schweiz während des Zweiten Weltkriegs bezifferte die Bergier-Kommission auf 1,6 bis 1,7 Milliarden Franken, darunter Gold von jüdischen Holocaust-Opfern. Von diesem wusste die Schweizerische Nationalbank seit 1940. Die Umstände der bis April 1944 vorgenommenen Transaktionen wurden jedoch in der Folgezeit systematisch verschleiert. Von noch größerer Brisanz waren die Untersuchungen zur Flüchtlingspolitik. Die von führenden Beamten gehegte und geschürte Angst vor einer «jüdischen Überfremdung» der Schweiz führte dazu, dass im Zuge der Visumpflicht 1938 ein diskriminierender, Asylwürdigkeit absprechender J-Stempel zur Anwendung gelangte; diese Gefügigkeit gegenüber dem nationalsozialistischen Deutschland spiegelte einen in unterschiedlichen ideologischen Lagern, nicht zuletzt in rechtskatholischen Kreisen, verbreiteten Antisemitismus wider. Obwohl ab 1941/42 sichere Nachrichten über den Holocaust vorlagen, wurde diese restriktive Haltung erst ab Ende 1943 gelockert. Mehr als 24 000 Zurückweisungen von Flüchtlingen, deren Weg in die Vernichtungslager dadurch häufig vorgezeichnet war, konnten ermittelt werden. Auf der anderen Seite wurde während des Zweiten Weltkriegs insgesamt 60 000 Personen Asyl gewährt, darunter etwas weniger als die Hälfte Juden.

Als Fazit leitete die Bergier-Kommission daraus eine Diskrepanz zwischen Wissen und Handeln ab – und diagnostizierte eine moralische Kapitulation. Handlungsspielräume seien ungenutzt geblieben. Von einer Kollektivschuld der Schweizer Bevölkerung könne dennoch nicht gesprochen werden. Ungeachtet aller «Das Boot ist voll»-Phobien sei vielfältige individuelle Hilfs- und Handlungsbereitschaft unter Beweis gestellt worden. Belohnt wurde sie von staatlichen Stellen allerdings nicht, im Gegenteil, wie der Fall des St. Galler Polizeihauptmanns Paul Grüninger belegt. Dieser hatte – den staatlichen Anweisungen entgegen, aber seinem Gewissen folgend – vielen Asylsuchenden zum Aufenthalt in der Schweiz verholfen und wurde daraufhin unter Streichung seines Pensionsanspruchs entlassen. Juristisch vollständig rehabilitiert wurde der unbequeme Staatsdiener erst nach seinem Tod.

14.

Allein in Europa? (1946–2010)

Neue globale Konflikte warfen ihre Schatten voraus, als die an allen Fronten siegreiche Sowjetunion im November 1944 die Aufnahme diplomatischer Beziehungen zur «profaschistischen» Schweiz ablehnte. Innenpolitisch wurde die Rückkehr zur Normalität eingeleitet, als im August 1945 der militärische Aktivdienst zu Ende ging und Guisan seine Befugnisse an die Bundesversammlung zurückgab. Die Rückkehr zur direkten Demokratie, die während des Kriegs weitreichenden Einschränkungen unterlegen hatte, wurde durch ein Referendum im September 1949 beschleunigt. Innenpolitisch standen die nachfolgenden zwei Jahrzehnte im Zeichen konservativer Mentalitäten und politischer Stabilität. Die letztere fand seit 1959 in der veränderten Zusammensetzung des Bundesrats ihren Ausdruck. Die – leicht ironisch «Zauberformel» getaufte – Regelung sah jeweils zwei Sitze für die Freisinnigen (FDP), die Sozialdemokraten (SPS), die Katholisch-Konservativen (heute Christliche Volkspartei, CVP) sowie einen für die Bauern-, Gewerbe- und Bürgerpartei (BGB, heute Schweizerische Volkspartei, SVP) vor. Diese 2:2:2:1-Relation spiegelte nicht nur ungefähre politische Kraftverhältnisse, sondern auch die Kunst des Proporzes in einem viersprachigen Land wider. So waren schon im allerersten Bundesrat von 1848/49 ein Waadtländer und ein Tessiner vertreten. In der Folgezeit pendelte sich, von kürzeren Unterbrechungen abgesehen, die doppelte Repräsentation der Romandie ein.

Im Zeichen der bis zum Dezember 2003 gültigen Zauberformel und relativ geringer Verschiebungen im Parteiengefüge bei

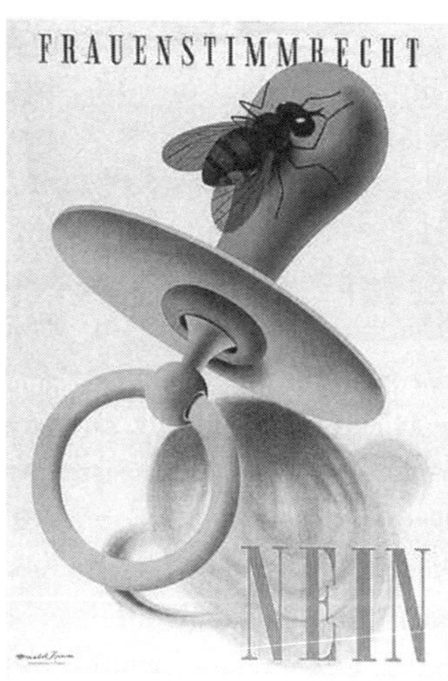

Frauen an die Schnullerfront:
Mit diesem Plakat versuchten die Gegner des Frauenstimmrechts 1946 Stimmung zu machen: Wenn die Frauen politisieren, verwahrlosen Küche und Kinderzimmer.

den Nationalratswahlen entwickelte sich in der Nachkriegsschweiz eine von der übrigen Welt viel bestaunte politische Kontinuität auf der Grundlage sozialer Stabilität. Vor dem Hintergrund immer neuer Konflikte außerhalb Europas und der atomaren Bedrohung im Rahmen des Ost-West-Gegensatzes trug sie zusammen mit der Stärke der Landeswährung zur Attraktivität der Schweiz als «Anlageland» bei. Die großen Banken der kleinen Nation gehörten jetzt zu den führenden Geldinstituten der Welt, was für eine negative Klischeebildung von außen nicht ohne Folgen bleiben konnte.

In der zweiten Hälfte des 20. Jahrhunderts stechen, nicht zuletzt im internationalen Vergleich, vier Entwicklungslinien und Problemfelder besonders hervor: die Auseinandersetzung um die politischen Rechte der Frauen, die kritische Hinterfragung von Staatsschutz und Armee, die Entstehung des Kantons Jura sowie, beherrschender Gegenstand der politischen Kontroversen zu Beginn des 21. Jahrhunderts, die Stellung des Landes zu «Ausländern», UNO und EU. In Sachen Frauenstimmrecht geriet die Eidgenossenschaft zunehmend in eine minoritäre Position gegenüber den Ländern, die dieses «von oben» einführten. Das lange Zeit unüberwindliche Hindernis für die politische Gleichberechtigung der Geschlechter war das Abstimmungsverhalten der Männer. Auf Gemeindeebene stießen entsprechende Anträge regelmäßig auf Ablehnung. So war die Zurückweisung des Frauenwahlrechts mit einer Zwei-Drittel-Mehrheit in der eidgenössischen Abstimmung des Jahres 1959 vorhersehbar. Das dabei vorherrschende Argument, die Frauen selbst seien an den vollen staatsbürgerlichen Rechten gar nicht interessiert, wurde durch die Ergebnisse von Befragungen schlagend widerlegt. Den Mentalitätenwechsel während der bewegten 1960er Jahre zeigte der Meinungsumschwung während des nächsten Plebiszits zwölf Jahre später an: Am 7. Februar 1971 wurde die Schweiz mit derselben Mehrheit, die sich 1959 widersetzt hatte, zur vollgültigen, das heißt geschlechterübergreifenden Demokratie. Doch galt diese Gleichberechtigung vorerst nur auf Bundesebene. In den folgenden Monaten zogen zwar die meisten Kantone nach, doch verharrten drei von ihnen, Graubünden, Solothurn und Appenzell, bei ihrer Ablehnung. In Appenzell Innerrhoden kam das Frauenstimmrecht sogar erst 1990, und zwar durch Beschluss des Bundesgerichts, zustande. Als erste Frau wurde die freisinnige Elisabeth Kopp am 2. Oktober 1984 in den Bundesrat gewählt.

Im Nachhall ihres Rücktritts Anfang 1989, den Verflechtungen mit den wirtschaftlichen Aktivitäten ihres Mannes verursachten, nahm die erstaunte Öffentlichkeit Einblick in Unterlagen des Staatsschutzes, der über eine große Zahl «verdächtiger» Persönlichkeiten umfangreiche Dossiers, sogenannte Fichen, angelegt hatte. Dieses bizarre Überbleibsel des Kalten Krieges führte zu einer öffentlichen Hinterfragung nicht nur des Geheimdienstes, sondern auch des Staates selbst bzw. der Mentalität von dessen Dienern. In dasselbe Zeitklima fiel die

Dreizehn Jahre nach Einführung des Frauenstimmrechts
auf Bundesebene war es so weit:
1984 wurde mit Elisabeth Kopp die erste Frau von der Bundesversammlung
zur Bundesrätin gewählt. Das Bild zeigt ihre feierliche Vereidigung.

Politische und sprachliche Gliederung
der Schweiz 1998
Deutschland
Österreich
Liechtenstein
Italien
Frankreich
Frankreich
Bodensee
Genfer See
Schaffhausen SH
Thurgau TG
Zürich ZH
Appenzell
1 2
Sankt Gallen SG
Glarus GL
Graubünden GR
Schwyz SZ
Zug ZG
Nid-walden NW
Ob-walden OW
Uri UR
Tessin (Ticino) TI
Luzern LU
Aargau AG
Basel-Landschaft BL
Basel-Stadt BS
Solothurn SO
Jura JU
Bern BE
Wallis (Valais) VS
Freiburg (Fribourg) FR
Neuenburg (Neuchâtel) NE
Waadt (Vaud) VD
Genf GE
N
S
Sprachräume
deutsch
französisch
italienisch
romanisch
Appenzell
1 Ausserrhoden AR
2 Innerrhoden AI
0 20 40 60 km

Abstimmung über die Abschaffung der Schweizer Armee vom 26. November 1989. Anders als in den meisten europäischen Ländern begleitete der Militärdienst Schweizer Männer nach kurzer Rekrutenschule in Form sogenannter Wiederholungskurse durch Jahrzehnte ihres Berufslebens hindurch, war also Bestandteil alltäglicher Lebenserfahrung; eine Armeeauflösung wäre somit eine stille Revolution des Alltags gewesen. Dazu kam es zwar nicht, doch konnte die Initiative für eine Schweiz ohne Armee immerhin über 36 Prozent der Stimmen gewinnen. Dass mehr als ein Drittel Schweizerinnen und Schweizer, die zur Urne gegangen waren, das Milizheer und damit eine Einrichtung aufzugeben bereit war, die mit Geschichte und Mythos der Nation, und zwar zuletzt 1939 bis 1945, so eng verflochten war, spiegelt den Umschwung von Bewusstseinshaltungen und Lebensgefühl, auch zwischen den Generationen, wider.

Wie aktuell die Vergangenheit blieb, führte auch die Jura-Problematik vor Augen. Ausgangspunkt der Konflikte war die Übertragung des ehemaligen Fürstbistums Basel an den Kanton Bern auf dem Wiener Kongress 1815; der Norden dieser Gebiete war überwiegend katholisch und frankophon, der Süden reformiert und deutschsprachig. Die Gegensätze vertieften sich durch die unterschiedliche wirtschaftliche Entwicklung, die zu stärkerer Industrialisierung des Südens und Rückständigkeit des Nordens führte. Vor diesem Hintergrund kamen schon im 19. Jahrhundert Bewegungen auf, die die Abtrennung der französischsprachigen Regionen von Bern forderten. Die Debatten und Auseinandersetzungen wurden mit konfessionell geprägten Feindbildern geführt und gewannen phasenweise eine beträchtliche Schärfe, so im Zuge der staatlichen Überwachung der katholischen Kirche durch den Berner Staat nach 1836 und fast anderthalb Jahrhunderte später zwischen 1975 und 1977. Zu diesem Zeitpunkt hatten die Separatisten, die sich in der Nachkriegszeit im «Rassemblement jurassien» zusammengeschlossen hatten, bereits in einer Abstimmung wesentliche ihrer Ziele erreicht. Am 23. Juni 1974 nämlich fand die Einrichtung eines neuen Kantons Jura die Zustimmung der Wähler in den betroffenen Gebieten insgesamt. Allerdings konnten die Südjurassier ihr Votum für den Verbleib bei Bern durchsetzen, so dass in den Augen der radikaleren Separatisten nur eine unvollkommene Lösung gefunden worden war und weiterer Handlungsbedarf bestand. Im September 1978 wurde die Konstituierung der nördlichen Gebiete zum Kanton Jura bundesweit mit einer Mehrheit von 82,3 Prozent angenommen; zum 1. Januar 1979 trat dieser als 23. Stand der Eidgenossenschaft bei. Das dadurch vom Kanton Bern abgeschnittene Laufental entschied sich für den Übertritt zum Kanton Basel-Landschaft (1994). Im selben Jahr wurde die «Assemblée interjurassienne» ins Leben gerufen, die den Dialog zwischen den verschiedenen Parteien fördern und damit weiter bestehende Spannungen abbauen sollte.

Die Diskussion über die Stellung der Schweiz zu internationalen Organisationen zog sich wie ein roter Faden durch die Nachkriegspolitik. Verhandlungen mit der im Juni 1945 gegründeten UNO führten nicht zur Mitgliedschaft, der der Vorbehalt umfassender Neutralität von Seiten der Schweiz entgegenstand. Davon unbenommen blieb die Mitarbeit in zahlreichen Einzelorganisationen der Vereinten Nationen und die Rolle schweizerischer Städte, vor allem Genfs, als Verhandlungsort zwischen den Blöcken des Kalten Krieges. Vierzig Jahre später hatte sich die Haltung der politischen Elite zu dieser Frage gewandelt, nicht jedoch die des Stimmvolks. In einem Plebiszit wurde der Beitritt zur UNO 1986 mit einer Dreiviertelmehrheit abgelehnt – ein Nein, das in der Volksabstimmung vom 3. März 2002 mit 54,6 Prozent Ja-Stimmen rückgängig gemacht wurde. In beiden Fällen betrieb die SVP eine intensive Propaganda gegen die Mitgliedschaft in der weltumspannenden Organisation. In ihrer Kampagne wurde die eidgenössische Vergangenheit emotional aufbereitet: Der Widerstand gegen «fremde Herren», vor denen schon Bruder Klaus gewarnt habe, und ähnliche Reminiszenzen sollten die eidgenössische Geschichte als einen Sonderfall präsentieren, der sich der Gleichmacherei durch unheimliche anonyme Institutionen entzog.

Noch weitaus kontroverser gestaltete sich die Diskussion über die Haltung zum Zusammenschluss Europas, wie er sich schrittweise mit Montanunion, Europäischer Wirtschaftsgemeinschaft und Europäischer Union vollzog. Ein Kulminationspunkt dieser kontroversen Debatte war am 6. Dezember 1992 erreicht, als die Schweizerinnen und Schweizer über den Beitritt ihres Landes zum Europäischen Wirtschaftsraum (EWR) entschieden. Dieser sollte die Staaten der Europäischen Gemeinschaft und der EFTA – der Freihandelszone, der die Schweiz als Gründungsmitglied seit 1960 angehörte – vereinen. Am heftigsten bekämpft wurde die Mitgliedschaft von der Aktion für eine unabhängige und neutrale Schweiz unter dem Vorsitz des Zürcher SVP-Nationalrats und Großindustriellen Christoph Blocher, und zwar wiederum im Namen historisch gewachsener «Andersartigkeit». Das Resultat fiel denkbar knapp aus; am Ende kam bei einer Wahlbeteiligung von fast vier Fünfteln eine Ablehnung von 50,3 Prozent zustande, weniger als 24 000 Stimmen hatten den Ausschlag gegeben. Da die Romandie mit großer Mehrheit dafürgestimmt hatte, verlief ein tiefer politischer Graben durch die Landesteile. Dessen ungeachtet betrieb die Schweiz – die schon 1992 ein formelles Gesuch um EU-Mitgliedschaft gestellt hatte – in der Folgezeit eine Politik der Annäherung, die sich im Abschluss bilateraler Verträge mit der EU niederschlug. Nach einer gleichfalls kontrovers geführten Kampagne wurde in diesem Rahmen am 5. Juni 2005 auch der Beitritt zum Schengener bzw. Dubliner Abkommen über den freien Grenzverkehr mehrheitlich gutgeheißen.

In den ersten Jahren des 21. Jahrhunderts veränderte sich das innenpolitische Klima. Die Parteien auf der Linken wie der Rechten, SPS und SVP, verzeichneten Zugewinne auf Kosten der CVP und der Freisinnigen. Dennoch hatten radikalere Referenden, wie fast immer in der Geschichte der direkten Demo-

Weiße Schafe, die ein schwarzes Schaf
aus der sauberen Schweiz hinausbefördern:
Mit diesem Plakat warb die SVP 2007 für ihre «Ausschaffungsinitiative»,
die die Ausweisung krimineller Ausländer erleichtern sollte.

kratie nach 1874, keine Aussicht auf Erfolg. So wurde die Initiative, den Ausländeranteil der Schweiz dauerhaft unter 18 Prozent zu halten, am 24. September 2000 mit der deutlichen Mehrheit von 64 Prozent verworfen. Ein gewisser Polarisierungseffekt stellte sich ein, als im Dezember 2003 die 44 Jahre gültige «Zauberformel» für den Parteienproporz im Bundesrat neu definiert wurde – ausgerechnet durch die Wahl Christoph Blochers zum Bundesrat, mit dem die SVP den (ihren Wahlergebnissen durchaus entsprechenden) zweiten Sitz in der obersten Exekutivbehörde erhielt. Diesen büßte die CVP ein, die bei den Nationalratswahlen hinter die drei anderen großen Parteien zurückgefallen war. Im September 2005 schließlich fand – trotz verbreiteter «Europa-Skepsis» nach der Ablehnung der Europäischen Verfassung in Frankreich und den Niederlanden – die Ausdehnung der (in den bilateralen Verträgen auf die alten Mitgliedsländer beschränkten) Personenfreizügigkeit auf die zehn neuen EU-Staaten eine unerwartet deutliche Zustimmung an der Wahlurne.

Bei der Wahl des Nationalrats am 19. Oktober 2007 wurde die SVP nach einem stark auf die Person Christoph Blochers zugeschnittenen Wahlkampf mit deutlichem Abstand stärkste Partei. Umso heftiger fielen die Erschütterungen des innenpolitischen Gefüges aus, als Blocher bei der Gesamterneuerung des Bundesrats am 12. Dezember nicht bestätigt, sondern an seiner Stelle die Graubündner Finanzdirektorin Eveline Widmer-Schlumpf in die siebenköpfige Bundesregierung gewählt wurde. Obwohl die neue Bundesrätin der SVP angehörte, hatte ihre Wahl eine Spaltung der Partei zur Folge. Am 1. November 2008 konstituierte sich die Bürgerlich-Demokratische Partei Schweiz (BDP), die mit ihrem Programm einem moderaten SVP-Kurs folgte und mit ihrem Vorstand die Verankerung in den Kantonen Bern und Graubünden widerspiegelte. Die neue politische Gruppierung, die bei keiner Nationalratswahl angetreten war, hatte mit Eveline Widmer-Schlumpf und Samuel Schmid unversehens zwei Bundesratssitze inne, während die SVP als stärkste Partei des Landes in der obersten Exekutivbehörde nicht mehr vertreten war und sich – Novum der Schweizer Nachkriegspolitik – als oppositionelle Kraft präsentierte. Doch hat sich diese scheinbare Angleichung an europäische Verhältnisse schnell relativiert, als im Dezember 2008 der langjährige SVP-Präsident Ueli Maurer in den Bundesrat gewählt wurde und dort die Nachfolge Schmids als Verteidigungsminister antrat.

Zu diesem Zeitpunkt hatte die weltweite Finanzkrise, die von den Turbulenzen auf dem Immobilienmarkt der USA ausgelöst worden war, auch in der Schweiz wirtschaftliche und politische Erschütterungen ausgelöst. Eine der beiden eidgenössischen Großbanken, die durch den Erwerb sogenannter Subprime-Titel im amerikanischen Hypothekengeschäft in bedrohliche Schieflage geraten war, musste durch staatliche Garantieleistungen von 68 Milliarden Franken gestützt werden. Für 62 Milliarden Franken übernahm die Schweizerische Nationalbank «toxische», d. h. de facto wertlose, Papiere. 6 Milliarden schoss der Bund in Form einer (zu 12,5 Prozent verzinsten) Pflichtwandelanleihe als Kredit zu. Darüber hinaus entfachte die enorme Verschuldung vieler Länder als Folge sinkender öffentlicher Einnahmen eine heftige Debatte über «Steueroasen», Fluchtgelder und das seit 1934 bestehende, zu einem regelrechten Mythos gewordene Schweizer Bankgeheimnis. Diese sehr emotional geführte, mit mancherlei wechselseitigen Nationalklischees gespickte Debatte erreichte ihren Höhepunkt, als die OECD am 2. April 2009 eine «graue Liste» der Länder veröffentlichte, die die international verbindlichen Regeln des Steuerwettbewerbs und der Zusammenarbeit im Steuerbereich zwar akzeptiert, doch nicht substantiell umgesetzt hätten. Dass sich die Schweiz auf diese Weise in Gesellschaft von notorischen Fluchtgeld-Refugien wie der Cayman-Inseln befand, ließ die Wogen der Erregung hochgehen und löste Ängste um den Fortbestand des eidgenössischen Finanzplatzes aus – wies dieser doch 2007 mehr als 5,2 Billionen Franken Wertschriftbestände auf, was im internationalen Vermögensverwaltungsgeschäft einen Anteil von 27 Prozent und Platz eins, vor Großbritannien mit den (als Anlageplatz kaum geringer geschätzten) Kanalinseln, bedeutete. Stein des Anstoßes war dabei nicht zuletzt die im Schweizer Recht verankerte Unterscheidung zwischen Steuerbetrug, einem Vergehen, und der Steuerhinterziehung, einer Übertretung, die eine Aufhebung des Bankgeheimnisses nicht rechtfertigte. Auf dieser gesetzlichen Grundlage betonte die Schweiz, dass sie ihre Rolle im Kampf gegen Geldwäsche aktiv spiele, Kapitalerträge angemessen besteuere und daher Bezeichnungen wie Steueroase oder gar Steuersumpf als ungehörig zurückweise. In dem Steuerstreit mit der EU und den USA zeichneten sich Anfang 2010 durch den Abschluss bilateraler Doppelbesteuerungsabkommen Perspektiven eines Kompromisses ab.

Weltweites Aufsehen erregte am 29. November 2009 der Ausgang der Volksinitiative «Gegen den Bau von Minaretten», von denen es in der Schweiz zu diesem Zeitpunkt gerade vier gab. Die deutliche Mehrheit von 57,5 Prozent für die Annahme (bei einer Stimmbeteiligung von 53,4 Prozent) überraschte umso mehr, als dieser Ja-Anteil zwanzig Prozent über dem Ergebnis der Meinungsumfragen lag und dem Votum des Bundesrats widersprach. Dieser betonte in seiner Stellungnahme, dass Moscheen ohne Minarett weiterhin errichtet werden dürfen und dass Muslime ihren Glauben auch künftig leben und praktizieren können. Zugleich sah der Bundesrat in der Annahme der Initiative kein taugliches Mittel im Kampf gegen extremistische Bestrebungen.

Dass die Schweiz weiterhin dem Zusammenschluss Europas fernbleibt, wird nicht nur von europafreundlichen Kreisen im Lande selbst, sondern auch von führenden Politikern der EU bedauert, denn die Confoederatio Helvetica – wie sie in lateinischer Überparteilichkeit auf dem Autokennzeichen (CH) firmiert – hat im Laufe vieler Jahrhunderte und fast ebenso vieler innerer Kriege die Kunst der Vermittlung und der Verständigung zwischen Sprachgruppen und Kulturen wie kaum eine andere Nation zur Meisterschaft ausgebildet. Diese Virtuosität des Ausgleichs aber ist überall dringend gefordert, nicht nur in blutig zerstrittenen Weltgegenden, sondern auch in einem Europa, das bei allem Zusammenfinden doch seine historisch gewachsene Vielfalt bewahren möchte.

Zeittafel

1291 Erneuerung eines älteren Bündnisses zwischen Uri, Schwyz und Nidwalden zur Landfriedenswahrung und Abwehr fremder, vor allem habsburgischer Einflussnahme.

1315 Sieg der Verbündeten über das Heer Herzog Leopolds I. von Österreich, Erneuerung des Bundes unter Einschluss Obwaldens.

1332 Anschluss der österreichischen Landstadt Luzern (4. Ort).

1339 Schlacht von Laupen: Bern siegt über Rivalen im Westen.

1351 Bund Zürichs mit den Waldstätten: Landfrieden, Hilfszusagen, Schiedsverfahren, doch für Zürich ist dies vorerst eine Option unter anderen (5. Ort).

1352 Glarus wird besetzt und mit schlechterem Recht Teil der Eidgenossenschaft (6. Ort), Zug mit günstigeren Konditionen (7. Ort).

1353 Lockeres Bündnis mit Bern (8. Ort), das wie Zürich Allianzfreiheit behält.

1370 Pfaffenbrief: Versuch einheitlicher Friedens- und Disziplinierungsregelungen innerhalb der Eidgenossenschaft.

1386 Sieg bei Sempach über Herzog Leopold III. von Österreich, der in der Schlacht fällt.

1393 Sempacherbrief: Militärordnung, Rechtfertigung des Sempacherkrieges.

1394 Ein zwanzigjähriger Friede mit Österreich bestätigt den Status quo.

1403–1408 Appenzellerkriege: mit Unterstützung von Schwyz Siege über den Abt von St. Gallen bzw. über Österreich; 1411 Burg- und Landrecht Appenzells mit den sieben Orten ohne Bern.

1415	Eidgenössische Eroberung des vorher österreichischen Aargaus im Namen des Reiches; daraus entstehen die ersten Gemeinen Herrschaften.
1422	Niederlage von Uri, Unterwalden, Luzern und Zug gegen den Herzog von Mailand bei Arbedo; Verlust der ab 1403 beherrschten Leventina.
1440–1446	Alter Zürichkrieg, Zürich wird nach der Niederlage fester in die Eidgenossenschaft integriert (Friede von 1450).
1460	Eroberung des Thurgaus.
1474	Die Gemeine Herrschaft wird «Ewige Richtung»: Der Friede mit Österreich bestätigt den Besitzstand.
1481	Stanser Verkommnis: Vermittlung zwischen Stadt- und Landorten durch das Prinzip der territorialen und politischen Integrität; Aufnahme von Freiburg i. Ue. und Solothurn als 9. und 10. Ort mit gemindertem Recht.
1499	Schwaben- bzw. Schweizerkrieg: Durch den Sieg über König Maximilian I. wird die Eidgenossenschaft von den Reichsreformen freigestellt.
1501	Basel und Schaffhausen werden als 11. bzw. 12. Ort Teile der Eidgenossenschaft; Appenzell folgt 1513 als 13. Stand.
1512–1515	Dreijährige Vorherrschaft über Mailand, die 1515 nach der Schlacht von Marignano an Franz I. von Frankreich übergeht.
1516	Friede von Freiburg mit Frankreich: Gewinn der Gemeinen Herrschaften im Tessin.
1521	Soldbündnis der Orte (ohne Zürich) mit Frankreich.
1523	Zwei Disputationen in Zürich leiten die Reformation unter Führung Zwinglis ein, in deren Folge sich die Eidgenossenschaft konfessionell und politisch polarisiert.
1528/29	Reformation in Bern, Basel und Schaffhausen.
1529	Erster Kappelerkrieg endet schiedsgerichtlich zugunsten der Reformierten.
1531	Zweiter Kappelerkrieg: Schlachtentod Zwinglis; der Sieg der Inneren Orte schreibt bis 1712 Begünsti-

gung der Katholiken in den Gemeinen Herrschaften fest.

1536 Bern erobert die Waadt, dazu (bis 1564) einen Teil des Chablais und Gex, Freiburg i. Ue. sowie Romont.

1549 Einigung zwischen Zwinglis Nachfolger Bullinger und Calvin in Genf über die reformierte Lehre (1566: gemeinsames Bekenntnis).

1565 Bündnis der Fünf Orte mit dem Papst.

1584 Burgrecht Zürichs und Berns mit Genf.

1586 Goldener Bund der katholischen Orte, die sich (ohne Solothurn) im Jahr darauf mit Spanien verbünden.

1597 Appenzell teilt sich in das katholische Innerrhoden und das reformierte Außerrhoden.

1602 Soldbündnis aller Orte (Zürich erst 1614) mit Frankreich.

1617–1639 Bündner Wirren: blutige Auseinandersetzungen zwischen den politischen Konfessionsparteien unter Beteiligung der Großmächte Spanien und Frankreich.

1647 Defensionale soll eidgenössische Verteidigung nach außen sichern.

1648 Im Westfälischen Frieden Exemtion der Eidgenossenschaft vom Reich.

1653 Ein Bauernkrieg mit dem Ziel einer ländlichen Eidgenossenschaft wird niedergeschlagen.

1656 Erster Villmergerkrieg; der Sieg der katholischen Orte bestätigt den Status quo.

1668–1674 Frankreich besetzt die unter eidgenössischem Schutz stehende Franche-Comté.

1707 Preußen gewinnt durch Erbfolge die Herrschaft im Fürstentum Neuenburg.

1712 Zweiter Villmergerkrieg: Der Sieg der Reformierten führt zu Machtverschiebungen, vor allem in den Gemeinen Herrschaften.

1723 Erfolgloser Aufstand des Majors Davel zur Befreiung der Waadt.

1749 Die Henziverschwörung in Bern gegen die Ratsoligarchie wird niedergeschlagen.

1764–1768	Kulmination innerer Machtkämpfe in Genf, Rousseau interveniert mit den *Lettres écrites de la montagne*.
1777	Erneuerung des Soldbündnisses aller 13 Orte mit Frankreich.
1794/95	Stäfner Handel: die Zürcher Landschaft fordert Gleichberechtigung mit der Stadt.
1798–1802	Helvetik. Unter der Vorherrschaft Frankreichs wird die Eidgenossenschaft zu einem Zentralstaat mit innerer Rechtsgleichheit (Aufhebung der Untertanenverhältnisse) und starker Exekutive umgestaltet; Instabilität durch Kriege (Frankreich gegen Österreich und Russland) und Ablehnung der neuen Ordnung vor allem in der Innerschweiz.
1803	Die von Napoleon diktierte Mediationsverfassung gründet den Bund erneut auf die Kantone, deren Zahl sich um die ehemaligen Untertanengebiete erweitert.
1814/15	Nach dem Ende des französischen Hegemonialsystems erkennt der Wiener Kongress die Neutralität der Schweiz in neuen Grenzen an (Verlust des Veltlins, die Juragebiete fallen an Bern).
1815	Bundesvertrag der 22 souveränen Kantone; die Herrschaftsverhältnisse werden vor allem in der Innerschweiz zugunsten der alten Eliten und Konfessionen restauriert.
1830/31	«Regeneration»: unter dem Eindruck der französischen Julirevolution werden in zehn Kantonen liberale Verfassungen eingeführt.
1832–1834	Von liberaler Seite vorgelegte Pläne zur Bundesrevision scheitern.
1841–1843	Die Aufhebung der Klöster im Aargau schürt konfessionell-politische Konflikte.
1845	Sonderbund der sieben katholischen Kantone.
1847	Im kurzen und relativ unblutigen Sonderbundskrieg unterliegt der Sonderbund den liberalen Kantonen.
1848	Bundesverfassung: männliche Wahlrechtsdemokratie, zwei Kammern, siebenköpfiger Bundesrat als kollegial verfasste Exekutive.

1856/57	Konflikt mit Preußen, das auf seine Rechte über Neuenburg verzichtet.
1860	Hoffnungen auf Gebietsgewinne in Savoyen zerschlagen sich.
1866	Niederlassungsfreiheit für Juden.
1873–1875	Kulturkampf: Konflikte zwischen Staat und katholischer Kirche.
1874	Totalrevision der Bundesverfassung: Stärkung der Bundeskompetenzen, fakultatives Referendum als Grundlage plebiszitärer Demokratie.
1882	Fertigstellung der Gotthardbahn.
1888–1894	Gründungen moderner Parteien (heutige Bezeichnungen: SPS, FDP, CVP).
1891	Wahl des ersten Katholisch-Konservativen (Josef Zemp) in den Bundesrat.
1898	Beginn der Verstaatlichung von Eisenbahngesellschaften.
1914	Im Ersten Weltkrieg Neutralität und Mobilmachung, innere Polarisierung zwischen Deutsch- und Westschweiz.
1918	Ein Landesstreik im November wird durch staatlichen und militärischen Druck beendet.
1919	Nationalratswahlen nach Proporzwahlrecht beenden die Vorherrschaft des liberal-radikalen Lagers; Einführung des Acht-Stunden-Tages.
1920	Beitritt der Schweiz zum Völkerbund mit «differentieller Neutralität».
1935	Rechtsautoritäre Fronten scheitern mit Volksbegehren zu einer Totalrevision des Bundes.
1938	Rätoromanisch wird vierte Landessprache der Schweiz.
1939–1945	Im Zweiten Weltkrieg offizielle Neutralität, de facto Zusammenarbeit mit dem nationalsozialistischen Deutschland vor allem in finanzieller Hinsicht; Vollmachten für den Bundesrat; restriktive Flüchtlingspolitik.
1949	Rückkehr zur direkten Demokratie.
1959	«Zauberformel» zur Verteilung der Bundesratssitze

	zwischen den vier großen Parteien bleibt bis Dezember 2003 gültig.
1960	Gründungsmitglied der Freihandelszone EFTA.
1971	Einführung des Frauenstimmrechts auf Bundesebene.
1979	Jura wird 23. Kanton der Eidgenossenschaft.
1989	Die Abschaffung der Armee wird von knapp 64 Prozent der Stimmberechtigten abgelehnt.
1992	Der Beitritt zum Europäischen Wirtschaftsraum (EWR) wird mit knapper Mehrheit verworfen.
2000	Ablehnung einer Initiative zur Quotierung des Ausländeranteils.
2000	Referendum über die bilateralen Verträge I mit der EU (Personenverkehr, ökonomische Regelungen, Forschung); Zustimmung von 67,2 Prozent.
2002	Zustimmung für UNO-Beitritt nach Volksentscheid.
2004	Beide Kammern billigen die bilateralen Verträge II mit der EU.
2005	Zustimmung zum Schengener/Dubliner Abkommen über den freien Grenzverkehr und zur Ausdehnung der Personenfreizügigkeit auf die zehn neuen EU-Länder.
2008	Im November spaltet sich die Bürgerlich-Demokratische Partei von der SVP ab.
2009	Die OECD setzt die Schweiz auf eine «graue Liste» der Länder, die die internationale Zusammenarbeit gegen Steuerhinterziehung nicht substantiell mittragen. Daraufhin werden bilaterale Doppelbesteuerungsabkommen in die Wege geleitet. Im Zeichen der Finanzkrise zahlt der Staat hohe Summen zur Unterstützung von angeschlagenen Banken.

Literaturhinweise

U. Altermatt: Katholizismus und Moderne. Zur Sozial- und Mentalitätsgeschichte der Schweizer Katholiken im 19. und 20. Jahrhundert, 2. Aufl. Zürich 1992

– (Hg.): Die Schweizer Bundesräte. Ein biographisches Lexikon, 2. Aufl. Zürich 1992

– (Hg.): Nation, Ethnizität und Staat in Mitteleuropa, Wien 1996

– /C. Bosshart-Pfluger/A. Tanner (Hg.): Die Konstruktion einer Nation. Nation und Nationalisierung in der Schweiz, 18.–20. Jahrhundert, Zürich 1998

B. Amiet/H. Sigrist: Solothurnische Geschichte, Bd. 2, Solothurn 1976

W. Baum: Reichs- und Territorialgewalt (1273–1437). Königtum, Haus Österreich und Schweizer Eidgenossen im späten Mittelalter, Wien 1994

E. J. Beer/N. Gramaccini/C. Gutscher-Schmid/R. C. Schwinges (Hg.): Berns große Zeit. Das 15. Jahrhundert neu entdeckt, Bern 1999

J.-F. Bergier: Die Schweiz in Europa. Zeitgemäße Gedanken eines Historikers, Zürich 1998

M. Böhler (Hg.): Republikanische Tugend. Ausbildung eines Schweizer Nationalbewusstseins und Erziehung eines neuen Bürgers, Lausanne 2000

R. Bolzern: Spanien, Mailand und die katholische Eidgenossenschaft. Militärische, wirtschaftliche und politische Beziehungen zur Zeit des Gesandten Alfonso Casati, Stuttgart 1982

A. Brandenberger: Ausbruch aus der «Malthusianischen Falle». Versorgungslage und Wirtschaftsentwicklung im Staate Bern 1755–1797, Bern 2004

C. Büchi: «Röstigraben». Das Verhältnis zwischen deutscher und französischer Schweiz. Geschichte und Perspektiven, 3. Aufl. Zürich 2003

B. Braun: Die Eidgenossen, das Reich und das politische System Karls V., Berlin 1997

M. Bütikofer: Zur Funktion und Arbeitsweise der Eidgenössischen Tagsatzung zu Beginn der Frühen Neuzeit, in: Zeitschrift für Historische Forschung 1 (1986), S. 15–42

H. Carl: Der Schwäbische Bund 1488–1536. Landfrieden und Genossenschaft im Übergang vom Spätmittelalter zur Reformation, Leinfelden 1999

O. F. Fritschi: Geistige Landesverteidigung während des Zweiten Weltkrieges, Zürich 1972

H. R. Fuhrer/R.-P. Eyer (Hg.): Schweizer in «Fremden Diensten». Verherrlicht und verurteilt, 2. Aufl. Zürich 2006

U. Gäbler: Huldrych Zwingli. Eine Einführung in sein Leben und Werk, München 1983

A. Garovi: Obwaldner Geschichte, Sarnen 2000

Geschichte der Schweiz und der Schweizer, Basel 2006 (4., unveränderte Aufl. der Studienausgabe in einem Band)

Geschichte des Kantons Zürich, Bde. 2 und 3, Zürich 1994 und 1996

H. von Greyerz/E. Gruner/G. P. Marchal/P. Stadler/A. Staehelin: Geschichte der Schweiz, München 1991

V. Gröbner: Gefährliche Geschenke. Ritual, Politik und die Sprache der Korruption in der Eidgenossenschaft, Konstanz 2000

D. Guggisberg: Das Bild der «Alten Eidgenossen» in Flugschriften des 16. bis Anfang des 18. Jahrhunderts (1531–1712). Tendenzen und Funktionen eines Geschichtsbildes, Bern 2000

Handbuch der Schweizer Geschichte, 2 Bde., 2. Aufl. Zürich 1980

C. Hauser: L'aventure du Jura. Cultures, politique et identité régionale au XXe siècle, Lausanne 2004

M. Hettling (Hg.): Eine kleine Geschichte der Schweiz. Der Bundesstaat und seine Traditionen, Frankfurt a. M. 1998

G. Hunziker: Die Schweiz und das Nationalitätsprinzip im 19. Jahrhundert. Die Einstellung der eidgenössischen Öffentlichkeit zum Gedanken des Nationalstaats, Basel 1970

U. Im Hof: Isaak Iselin und die Spätaufklärung, Bern 1967

– /F. de Capitani: Die Helvetische Gesellschaft. Spätaufklärung und Vorrevolution in der Schweiz, 2 Bde., Frauenfeld 1983

–: Mythos Schweiz. Identität, Nation, Geschichte, 1291–1991, Zürich 1991

Innerschweiz und frühe Eidgenossenschaft, 2 Bde., Olten 1990
R. Joos: Die Entstehung und rechtliche Ausgestaltung der Eidgenössischen Tagsatzung bis zur Reformation, Zürich 1925
M. Jorio (Hg.): 1648 – die Schweiz und Europa. Außenpolitik zur Zeit des Westfälischen Friedens, Zürich 1999
H. U. Jost: Europa und die Schweiz 1945–1950. Europarat, Supranationalität und schweizerische Unabhängigkeit, Zürich 1999
W. Kaiser (Hg.): Eidgenössische «Grenzfälle»: Mülhausen und Genf, Basel 2002
T. Kästli: Die Schweiz – eine Republik in Europa. Geschichte des Nationalstaats seit 1798, Zürich 1998
G. Kreis: Die Schweiz in der Geschichte. 1700 bis heute, Zürich 1997
–: Mythos Rütli. Geschichte eines Erinnerungsortes, Zürich 2004
T. Lau: «Stiefbrüder». Nation und Konfession in der Schweiz und in Europa (1656–1712), Köln/Weimar/Wien 2008
T. Maissen: Die Geburt der Republic. Staatsverständnis und Repräsentation in der frühneuzeitlichen Eidgenossenschaft, Göttingen 2008
–: Zum politischen Selbstverständnis der Basler Eliten, 1501–1798, in: Basler Zeitschrift für Geschichte und Altertumskunde 100 (2000), S. 210–240
G. Marchal: Erfundene Schweiz. Konstruktionen nationaler Identität, Zürich 1992
U. Meyerhofer: Von Vaterland, Republik und Nation. Nationale Integration in der Schweiz 1815–1848, Zürich 2000
J. Mooser: Die «Geistige Landesverteidigung» in den 1930er Jahren, in: Schweizerische Zeitschrift für Geschichte 47 (1997), S. 685–708
M. Morkowska: Vom Stiefkind zum Liebling. Die Entwicklung und Funktion des europäischen Schweizbildes bis zur Französischen Revolution, Zürich 1997
P. Niederhäuser/W. Fischer (Hg.): Vom «Freiheitskrieg» zum Geschichtsmythos. 500 Jahre Schweizer- oder Schwabenkrieg, Zürich 2000
C. Peyer: Verfassungsgeschichte der alten Schweiz, Zürich 1978
C. Pfister: Im Strom der Modernisierung. Bevölkerung, Wirtschaft und Umwelt im Kanton Bern 1700–1914, Bern 1995

V. Reinhardt: Machiavellis helvetische Projektion. Neue Überlegungen zu einem alten Thema, in: Schweizerische Zeitschrift für Geschichte 45 (1995), S. 301–329

P. Rück (Hg.): Die Eidgenossen und ihre Nachbarn im Deutschen Reich des Mittelalters, Marburg 1991

R. Sablonier: Gründungszeit ohne Eidgenossen. Politik und Gesellschaft in der Innerschweiz um 1300, 3. Aufl. Baden 2008

Sankt-Galler Geschichte 2003, Bde. 3 und 4, Sankt Gallen 2003

R. Schmid: Geschichte im Dienst der Stadt. Amtliche Historie und Politik im Spätmittelalter, Zürich 2009

C. Sieber-Lehmann/T. Wilhelmi (Hg.): In Helvetios – wider die Kuhschweizer. Fremd- und Feindbilder von den Schweizern in antieidgenössischen Texten aus der Zeit von 1386 bis 1532, Bern 1998

C. Simon (Hg.): Blicke auf die Helvetik, Basel 2000

B. Stettler: Die Eidgenossenschaft im 15. Jahrhundert. Die Suche nach einem gemeinsamen Nenner, Zürich 2004

–: Einleitungen zu: Aegidius Tschudi, Chronicon Helveticum, 13 Teile, hg. von B. Stettler, Basel 1968–2000

A. Suter: Der schweizerische Bauernkrieg von 1653. Politische Sozialgeschichte – Sozialgeschichte eines politischen Ereignisses, Tübingen 1997

E. Walder: Das Stanser Verkommnis. Ein Kapitel eidgenössischer Geschichte neu untersucht: Die Entstehung des Verkommnisses von Stans in den Jahren 1477 bis 1481, Stans 1994

W. von Wartburg: Die europäische Dimension der Schweiz. Zur Geschichte der Schweiz und ihrer Stellung in Europa, Schaffhausen 1996

M. Weishaupt: Bauern, Hirten und «frume edle puren». Bauern- und Bauernstaatsideologie in der spätmittelalterlichen Eidgenossenschaft und der nationalen Geschichtsschreibung der Schweiz, Basel 1992

Wettstein – Die Schweiz und Europa. Ausstellungskatalog, Basel 1998

H. Wiget (Hg.): Die Entstehung der Schweiz. Vom Bundesbrief 1291 zur nationalen Geschichtskultur des 20. Jahrhunderts, Schwyz 1999

O. Zimmer: A Contested Nation. History, Memory and Nationalism in Switzerland 1761–1891, Cambridge 2003

Bildnachweis

Seite 6: Parlamentsdienste, Bern; aus: Sablonier, S. 9 – *Seite 17:* Universitätsbibliothek Heidelberg, Cod. Pal. Germ. 848 Bl. 43 v.; aus: Sablonier, S. 206 – *Seite 20:* Bern, Burgerbibliothek; aus: Innerschweiz, S. 47 – *Seite 22:* Staatsarchiv Schwyz, Nr. 94, ediert in: Quellenwerk zur Entstehung der Schweizerischen Eidgenossenschaft Bd. 1, 2, Nr. 1378; aus: Sablonier, S. 205 – *Seite 30/31:* Luzern, Zentralbibliothek; aus: Innerschweiz, S. 52 – *Seite 36:* Berner Chronik des Bendicht Tschachtlan bis zum Jahr 1470/71. Faksimile-Ausgabe der Handschrift in der Zentralbibliothek Zürich, Luzern 1989, S. 427 – *Seite 40:* Kopie der Zürcher- und Schweizerchronik des Gerold Edlibach aus der Zeit um 1506. Handschrift Ms. A 77 der Zentralbibliothek Zürich, f. 68v. – *Seite 50:* aus: Innerschweiz, S. 56 – *Seite 55:* Die eidgenössische Chronik des Wernher Schodoler, um 1510 bis 1535. Faksimile-Ausgabe der dreibändigen Handschrift, Luzern 1983, Bd. 2, f. 37v. – *Seite 58:* Illustration aus der amtlichen Ausgabe der Berner Chronik des Diebold Schilling (Hs. B), Bern, Burgerbibliothek – *Seite 59:* Foto: Weber, Stans; aus: Walder, S. 53 – *Seite 63:* aus: Paul de Vallière, Ehre und Treue, Lausanne 1940, S. 145 – *Seite 88:* Zentral- und Hochschulbibliothek Luzern; aus: Maissen, S. 518 – *Seite 101:* Historisches Museum Bern, Inv. Nr. 1951; aus: Maissen, S. 463 – *Seite 103:* Historisches Museum Bern, Inv. Nr. 1951; aus: Maissen, S. 465 – *Seite 105:* Archives Payot, Lausanne; aus: Geschichte der Schweiz, S. 480 – *Seite 108:* Kunsthaus Zürich; aus: Geschichte der Schweiz, S. 510 – *Seite 112:* Schweizerisches Landesmuseum, Zürich; aus: Geschichte der Schweiz, S. 514 – *Seite 120:* Schweizerische Landesbibliothek, Foto: G. Zimmermann; aus: Geschichte der Schweiz, S. 521 – *Seite 138:* Musée du Vieux-Genève, Genève; aus: Geschichte der Schweiz, S. 673 – *Seite 139:* Zentralbibliothek Zürich; aus: Geschichte der Schweiz, S. 549 – *Seite 142:* aus: Du, Kunstzeitschrift, September 1967 – *Seite 147:* aus: Geschichte der Schweiz, S. 799 – *Seite 148:* aus: Geschichte der Schweiz, S. 811

Personenregister

Albrecht I. von Habsburg, römischer König 18
Albrecht II. von Habsburg, Herzog 24
Albrecht III. von Habsburg, Herzog 32
Alexander I., Zar 113
Altishofen, Christoph Pfyffer von 88
A Pro, Peter 80
Attinghausen, Johannes von 25 f.

Balthasar, Urs 106
Bergier, Jean-François 148f.
Blocher, Christoph 157–159
Bodmer, Johann Jakob 108
Borromeo, Carlo 81
Breitinger, Johann Jakob 108
Brun, Rudolf 23, 26
Bullinger, Heinrich 76, 165
Byron, George Gordon Lord 126

Cäsar, Julius 10, 77
Calvin, Jean 78 f., 165
Commynes, Philippe de 56

Davel, Jean Daniel Abraham 102, 165
Dufour, Guillaume-Henri 132

Eck, Johannes 71
Emmenegger, Hans 85
Escher, Alfred 137
Etterlin, Petermann 50

Flüe, Nik(o)laus von (Bruder Klaus) 59, 81, 156
Franz I., König von Frankreich 62, 164
Friedrich I. (gen. der Schöne) von Habsburg, römischer König 18
Friedrich III. von Habsburg, römischer Kaiser 40
Friedrich IV. von Habsburg, Herzog 35 f., 39
Friedrich I., König in Preußen 93
Füssli, Johann Heinrich 108

Glarean (Heinrich Loriti) 77
Gotthelf, Jeremias 131
Grüninger, Paul 149
Guisan, Henri 145 f., 150
Gustav Adolf II., König von Schweden 83

Habsburg siehe Albrecht I., II., III., Friedrich der Schöne, Friedrich III., IV., Leopold I., III., Maximilian I., Rudolf I., Sigismund

Haller, Albrecht von 106, 108, 126
Haller, Karl Ludwig von 121, 132
Heinrich IV., König von Frankreich 80
Heinrich VII. von Luxemburg, römischer Kaiser 15, 18
Hitler, Adolf 145 f.
Hoffmann, Arthur 141
Holbein, Hans 63
Homberg, Werner von 17
Horn, Gustav Karlsson 83

Iselin, Isaak 108 f.

Johannes XXIII., Gegenpapst 35
Joseph II. von Habsburg, römischer Kaiser 105
Julius II. della Rovere, Papst 62

Kant, Immanuel 113
Karl der Kühne, Herzog von Burgund 20, 54–57
Karl VIII., König von Frankreich 62
Keller, Gottfried 98, 131
Kopp, Elisabeth 152 f.

Laharpe, Frédéric-César de 113
Lenin, Wladimir Iljitsch 140
Leopold I. von Habsburg, Herzog 19 f., 163
Leopold III. von Habsburg, Herzog 30–32, 163
Leu, Joseph 131
Leuenberger, Niklaus 85
Ludwig IV. von Wittelsbach (gen. der Bayer), römischer Kaiser 15, 18, 22
Ludwig XI., König von Frankreich 53 f., 57
Ludwig XII., König von Frankreich 62
Ludwig XIV., König von Frankreich 89, 92 f.
Luther, Martin 70
Luxemburg, Rosa 140

Machiavelli, Niccolò 62 f., 66 f.
Manuel, Hans Rudolf 31
Maria von Burgund 57
Maurer, Ueli 159
Maximilian I. von Habsburg, römischer König 27, 57, 61, 64, 164
Mazzini, Giuseppe 130
Mermillod, Gaspard 137 f.
Metternich, Klemens Wenzel Lothar von 123, 129
Montesquieu, Charles-Louis de Secondat, Baron de La Brède et de 125
Motta, Giuseppe 144
Müller, Johannes von 10
Müntzer, Thomas 70
Mussolini, Benito 144

Napoléon I., Kaiser der Franzosen 93, 111, 117–121, 123, 166
Nobs, Ernst 147

Ochs, Peter 113 f., 118

Pestalozzi, Johann Heinrich 107, 113, 116, 118
Pfyffer, Ludwig 79
Philipp, Landgraf von Hessen 72
Pilet-Golaz, Marcel 146
Pius IV. de' Medici, Papst 79

Reding, Rudolf von 80
Rousseau, Jean-Jacques 104, 126, 166
Rudolf I. von Habsburg, römischer König 14 f.
Ruprecht von der Pfalz, römischer König 34

Schiller, Friedrich 7–11, 16, 49
Schilling, Diebold 20
Schiner, Matthäus 62
Schmid, Samuel 159
Schodoler, Wernher 55
Semper, Gottfried 140
Sforza, Ludovico, Herzog von Mailand 61 f., 67
Sforza, Massimiliano, Herzog von Mailand 62
Siegwart-Müller, Konstantin 132
Sigismund von Habsburg, Herzog 54
Sigismund von Luxemburg, römischer Kaiser 35 f., 39
Stadler, Josef Anton 103 f.
Stapfer, Philipp Albert 113 f., 116, 118
Stettler, Michael 81
Suworow, Aleksander Wassiljewitsch 111

Thorvaldsen, Bertel 127
Tschudi, Ägidius 10, 13, 77 f., 81

Urban VIII. Barberini, Papst 84

Vadian (Joachim von Watt) 77
Valkenier, Peter 92 f.
Vibert, James 6
Visconti, Gian Galeazzo, Herzog von Mailand 39
Volcker, Paul 148

Wagner, Richard 140
Wahlen, Friedrich Traugott 146
Waser, Johann Heinrich 86
Welti, Emil 138
Werner, Joseph 101, 103
Wettstein, Johann Rudolf 84
Widmer-Schlumpf, Eveline 159
Wille, Ulrich 140
Wimpfeling, Jakob 64f.
Winkelried, Arnold (Erni) 31 f.

Zemp, Josef 137, 139 f., 167
Zschokke, Heinrich 126
Zwingli, Huldrych 68–73, 164 f.
Zwyer von Evibach, Sebastian 89